Jacques Roubaud
Der Verwilderte Park

Erzählung

Aus dem Französischen
von Tobias Scheffel

Verlag Klaus Wagenbach   Berlin

INHALT

Erster Teil: 1942

Sie öffnete die Augen. Die Helligkeit, die das Zimmer erfüllte, war nicht die des Tages. Nicht die der nackten Glühbirne an der Decke. Niemand hatte die Schreibtischlampe angemacht. Das Licht kam vom Fenster, rechts. Von dem großen Fenster ohne Läden, ohne Vorhänge, dessen Scheiben nicht mit blauer Farbe bestrichen waren wie zu Hause in Toulouse. Das Fenster ihr gegenüber war schwarz. Schwarz von Nacht und Bäumen. Den Kopf auf dem Kissen machte sie in der sanften Helligkeit erneut Bekanntschaft mit dem unbekannten Raum, in dem man ihr zum Schlafen das »Cosy« zugewiesen hatte. Mit »Cosy« war nicht, wie bei ihrer Mutter, die Stoffhaube gemeint, die über die Teekanne kam, sondern eine Liege, die in einem Eckmöbel steckte. Das Möbelstück, aus lackiertem Holz wie der Schreibtisch, fasste die Liege rechteckig auf zwei Seiten ein. Seine Fächer, die auf angemessener Höhe hingen, hatten nach außen herunterzuklappende

Türen. Sie enthielten keine Geheimnisse, sondern vor allem Wollknäuel und anderen Strickbedarf. Das Kopfkissen versank zu ihrer Linken ein wenig unter dem Möbelstück.

In den Spalt zwischen Liege und Wand hatte sie ein Buch mit Erzählungen gesteckt. Mehrere davon hatte sie, von der Aufregung der Reise lange wachgehalten, vor dem Einschlafen gelesen: »Der Fall des Hauses Usher«, »Die Grube und das Pendel« ... Nach »Sturz in den Malstrom« hatte sie die Augen geschlossen, den Kopf erfüllt vom Bild eines schwarz-weißen strudelnden Schlundes, wie ein gigantischer Waschtrog, wie ein endloser Schacht, wie eine Treppe. Gruselige Lektüre, von köstlichem Gruseln.

Sie sprang aus dem Bett, lief mit bloßen Füßen um den Schreibtisch herum zum hellen Fenster. Als Vlad ihren Koffer gepackt hatte, hatte er vergessen, ein Nachthemd hineinzutun. Man hatte ihr eines geliehen, von der kleinen Jacqueline, die gut drei Jahre jünger war als sie. Es war weiß, ziemlich rau, zu kurz und spannte ein bisschen in der Taille. Das Fenster führte auf ein Glasdach hinaus und dahinter auf den Nutzgarten: Gemüsebeete, Blumen und Obstbäume, ein Liniennetz von Weinspalieren mit dunklen und weißen Muskatellertrauben. Am Spalier hingen jetzt, Anfang September, nur noch kleine Trauben. Der Garten war vollständig erleuchtet von einem extrem runden, niedrigen Vollmond. Jenseits der

Mauer standen weitere Villen mit Gärten, die sich zum Fluss hinunterzogen. Sie konnte nicht bis dorthin sehen, wusste aber, dass es ganz unten den Fluss gab. Sie war schon in diesem Haus gewesen, hatte aber noch nie in diesem Zimmer geschlafen. Der Mond stand niedrig am Himmel. Er schaute knapp über die Mauer am Ende des Gartens. Seine Scheibe wurde bereits von den einzementierten Flaschenscherben angeschnitten, mit denen die Besitzer der benachbarten Villa ihr Territorium schützten.

Als sie sich wieder hinlegte, merkte sie, dass sie pinkeln musste. Die Tür befand sich links des »Cosy«. Sie ging auf den Treppenabsatz hinaus, zögerte einen Augenblick. Sie erinnerte sich, dass man rechts auf den Balkon gehen musste, um zur Toilette zu gelangen. Der Balkon verlief nach links, zum Bad, ein Auswuchs, ein auf Höhe des ersten Stocks an das Haus geklebtes, angesetztes und vom Eingangsflur in den Garten gestütztes Stück. An seinem Ende stieg man über zwei Stufen ins Bad hinunter, ein kurioses Anhängsel, das am Hauptgebäude hing. Die Badewanne befand sich direkt am Fuß der Stufen, den Boden bedeckte rissiges Linoleum. Es gab dort ein Waschbecken und einen Spiegel an der gegenüberliegenden Wand, rechts ein Fenster, direkt über der Terrasse.

Hinten im Bad rechts befand sich in einem noch gewagteren Vorbau die Toilette, in der Leseschätze eingeschlossen waren. Tatsächlich war dort ein Stapel Bücher abgelegt worden. Er half dem Mangel an entsprechendem Papier ab *(eine von vielen Auswirkungen der Situation allgemeiner Knappheit im Jahre 1942, drei Monate vor der Besetzung der »freien Zone« durch die Wehrmacht)*. Ein Umschlagbild zog ihre Aufmerksamkeit auf sich; wild und expressionistisch koloriert. Das Bild zeigte eine Art Schwimmbad (in Wahrheit sicherlich ein Wasserreservoir in einem Keller [?], einem Wasserturm [?]). Das Wasser wurde vom Rot der erdolchten Opfer eines hinterhältig höhnisch lachenden Verbrechers gefärbt. Der Schurke war vom Stift des Zeichners in dem Moment festgehalten worden, als er nach vollzogener Missetat über eine Strickleiter wieder zur Welt der Lebenden und zur Verübung neuer Verbrechen emporstieg. Eines der Opfer erhob sich noch halb in einer teils überraschten, teils vergeblich flehenden Geste, während die anderen bereits die schwankende Gleichgültigkeit jener hatten, die ertränkt und zugleich ihres Blutes entleert sind. Sie hätte das Buch gerne von Anfang an gelesen, vielleicht mit in den Zug genommen, aber gut die Hälfte hatte bereits »gedient«. Und sie war erneut sehr müde. Sie wischte sich mit ein paar Seiten von »Rocambole« ab (um den ging es), die sich nicht sonderlich angenehm anfühlten.

Sie ging wieder auf den Balkon hinaus, blieb einen Augenblick stehen, um die große Pinie zu betrachten. Sie wollte gerade zu ihrem Kopfkissen auf dem »Cosy« zurückgehen, als sie, die Hand bereits auf der Klinke zum Büro, Stimmen hörte.

Mond, Cosy, Balkon, Mond, Strudel, Cosy, morgen?, Balkon, Strudel, morgen?, Mond

Man redete über sie. Sie hatte deutlich ihren Namen gehört. Etwas wie »Dora einstweilen in Sicherheit bringen«. Die Stimmen kamen vom Erdgeschoss, aus dem Zimmer, das »Salon« genannt wurde. Tatsächlich diente es vor allem dem Hören von Schallplatten auf dem »Pick-up«, dem Plattenspieler, oder den Klavierstunden der beiden Ältesten der vier M.-Kinder. Keines von ihnen hatte am Bahnhof auf sie gewartet, als sie am Nachmittag angekommen waren. Alle waren zu einer Tante aufgebrochen, um bei der Weinlese zu helfen. Reglos stand sie oben an der Treppe und versuchte, das Gespräch zu verstehen. Sie wäre gern ein paar Stufen hinuntergegangen, um näher zu sein, aber sie hatte Angst, Lärm zu machen. Die Stufen waren aus Holz, es hätte geknarrt.

Jedes Mal, wenn sie in dieses Haus gekommen war, hatte sie mit den Kindern, manchmal mit deren Cousins, auf der Treppe gespielt. Auf dem hölzernen, glatten Geländer hinaufklettern; nach unten rutschen bis zum Anschlag; wieder hinaufklettern; rutschen. Ein Spiel. Das Wesen dieses Spiels besteht darin, ganz von der Drehbewegung absorbiert zu werden. Der Druck des Holzes, der Moment der spürbaren Geschwindigkeit erfolgt da, wo die Treppenbiegung beginnt, wo die Reibung die Handflächen, die Oberschenkel zu wärmen anfängt. Eine nach Wachs duftende zentrifugale Geschwindigkeit. Oder ein anderes Spiel: auf die erste Stufe steigen, springen; von der zweiten, von der dritten Stufe springen. Von noch weiter oben, sich mit einer Hand an die Wand stützen, mit der anderen an das Geländer. Versuchen, die Wand, das Geländer so weit unten wie möglich zu erreichen. Mit den Händen Stück für Stück nach unten rutschen, sich abstützen, Schwung nehmen, mit den (bloßen?) Zehen auf der Kante der neunten, zehnten Stufe mit angewinkelten Beinen springen. An der Wandecke vorbei, dann die Beine vor den Rumpf schleudern, damit der höchste Sprung in der Kurve beginnt, damit die Pfeilbewegung des Fallens abbiegt, bevor sie sich auf ihr unsichtbares Ziel hin, den Boden stürzt.

»Vlad, Vlad«, sagte Madame M. jetzt, »Sie haben schon zu lange gewartet. Wir haben es Ihnen zwanzig Mal gesagt. In Lyon gab es Razzien. Das kommt auch hierher, glauben Sie mir, und als Erstes in die Städte. Ich hoffe, Raymonde passt auf.« Vlad antwortete etwas, was sie nicht deutlich hörte. Möglicherweise hatten sie jetzt die Tür zugedrückt, und die Stimmen waren schwächer geworden. Monsieur M., dessen Stimme eindeutig lauter war, nannte mehrmals einen Namen, einen komischen Namen, »Courtesole«. Der »Abbé Courtesole« gäbe Bescheid, sobald die Durchquerung der Pyrenäen »mit dem Kleinen und seiner Mutter« möglich wäre. Die Stimmen verstummten. Man hatte das Radio angemacht.

- In Anwesenheit von General Franco hatte Barcelona das Endspiel um die *Copa del Caudillo* gegen Bilbao 2:0 gewonnen.
- Bei den französischen Schwimmmeisterschaften hatte Nakache die 400 Meter Freistil und die 200 Meter Schmetterling gewonnen.
- In Guéret hatte Benoist-Méchin die Parade eines Kontingents von Legionären der nicht besetzten Zone abgenommen, die an die Ostfront aufbrachen.
- In Paris hatte das Kontingent der *Légion des volontaires français* an einer Messe in Notre-Dame und dann an einer Zeremonie im Invalidendom teilgenommen.
- In Berlin hatte Reichskanzler Hitler in Anwesenheit Ribbentrops den Türken Saffet Arikan und den Bulgaren Draganov empfangen.
- Die Engländer waren überall bedroht: im Mittleren Orient, im Norden und im Westen durch die Truppen von Rommel, im Osten durch die Inder, die sich auf Gandhis Aufruf hin erhoben.
- In Gergovie hatte Marschall Pétain feierlich eine Ze-

remonie geleitet, bei der im Mausoleum eine Steinplatte mit Erde aus den Provinzen Frankreichs und
des Reichs gefüllt wurde. In seiner Rede vor der Le-
gion der Veteranen hatte er gesagt: »Legionäre Frankreichs und des Reichs, Freiwillige der Nationalen
Revolution (…), ich lasse weder Zweifel zu, noch über-
triebene Versprechungen oder Murren (…)«

Die Nachrichten wollten nicht enden. Sie wartete. Endlich verstummte das Radio, aber die Tür war wohl geschlossen worden, denn sie hörte die Stimmen nicht
mehr deutlich. Sie gab auf und ging zurück, sich wieder
hinlegen. Aber es gelang ihr nicht, einzuschlafen. Später, sehr viel später, war der Klang einer Melodie zu hören. Sie erkannte sie wieder. Es war die Erkennungsme-
lodie von »London«, das ihre Mutter ebenfalls hörte,
wobei sie aber das Radio immer sehr leise stellte und
die Fenster geschlossen hielt wegen der Nachbarn. Die
M. hörten es ebenfalls, jedoch ohne allzu große Hem-
mungen. Es bestand keine große Gefahr, dass es von
den Villen und Häusern in der Umgebung des Enclos
du Luxembourg aus zu hören wäre. Dora kannte diese
Melodie schließlich auswendig, auf die immer diesel-
ben Worte folgten, so etwas wie »Hier London. Franzosen sprechen zu Franzosen. Heute ist der x-te Tag des
Kampfs des französischen Volkes für seine Befreiung«.
Eines Morgens hatte sie begonnen, die Melodie aus der

Erinnerung auf dem Klavier zu spielen, aber ihre Mutter hatte sie gescholten.

Die Helligkeit im Zimmer war schwächer geworden. Der Mond musste hinter den Hügeln, hinter den Gärten und dem Fluss verschwunden sein. Es herrschte tiefere Nacht, und was sie gehört hatte, beunruhigte sie. Es war warm. Sie zog das zu kurze und zu raue Nachthemd aus und drückte Carine ganz fest an die Brust, küsste ihre blonden kurzen lockigen Haare. So schlief sie ein. Noch einmal wurde sie in der Nacht wach. Sie glaubte, den Mond ihr gegenüber wiederzusehen, der sie rot und rund beobachtete.

rot der Mond, da, die Luke, rot; da: Luke, Mond, rot

Das sehr zeitige Frühstück (der Zug fuhr ein paar Minuten nach sieben, und zum Bahnhof war es eine gute halbe Stunde Fußweg) überraschte sie durch seine Üppigkeit. Echte Milch, etwas, was Margarine ähnelte, nur besser, echte Butter also, Marmelade mit echtem Zucker. Bestimmt nicht mit Traubenzucker, der jeden Obstgeschmack ruiniert. Wie Madame M. Vlad erklärte, war der Grund für einen solchen Lebensmittelüberfluss einfach. Die Kinder M. waren »auf dem Land«, in Villard-de-Lans in den Alpen bei der Tante. Dort hatten sie alles, was sie sich an Nahrung nur wünschen konnten. Folglich hatte sie unzählige »Marken« ausgeben können, um ihre Gäste würdig zu empfangen. Dora war von dieser außergewöhnlichen Begrüßung begeistert. Sonst teilte sie, wenn sie kam, das Alltägliche der Familie, was weitaus spartanischer war. Aber zugleich war ihr auf unbestimmte Weise nicht wohl dabei. Sie spürte, dass die Leckereien, die ihnen zuteilwurden, durchaus in Zusammenhang mit der bedrohlichen Ungewissheit ihrer Zukunft standen. Das hinderte sie nicht daran, mit großem Appetit zu essen, mit umso größerem, als sie wenig geschlafen hatte. Die Inspektion ihres Koffers hatte das Fehlen einer Zahnbürste offenbart, neben anderen Gegenständen, die für die gute Gesundheit und das ordentliche Aussehen eines zehnjährigen Mädchens notwendig waren. Nachdem diese Versäumnisse von Vlad wieder gutgemacht worden waren und da das Nachthemd zu kurz war, bekam sie einen Jungenpyjama. Er stammte vom Ältesten der M.-Kinder, Denis, und hätte im Lauf der nächsten Jahre dem zweiten Jungen der Familie, der noch keine sechs war, zufallen sollen.

Der rosafarbene Himmel, die Morgendämmerung. Bereits eine Schwere in der Luft. *Marin, marin gras même.* Monsieur M. erklärte, es gebe zwei Winde, den Cers und den »Meerwind«, den Autan. Man trennte sich am Bahnsteig in C. Rauchend kreischte die Lokomotive des Personenzugs und blieb wutschnaubend stehen. Während der Zug sich stotternd wieder in Bewegung setzte, hörte Dora eine letzte Ermahnung: »Pass auf mit der Flugasche!« Dora war mit Zügen vertraut. Die beiden ältesten der M.-Kinder, Denis und Jacqueline, kamen regelmäßig zu Klavierstunden bei ihrer Mutter. Manchmal fuhr sie mit ihnen für ein paar Spiel-, Spaziergeh- und Gartentage zurück. Dort, wo es jetzt hinging, würde sie einen anderen Jungen wiedersehen, der mit Denis das

Gymnasium besuchte und ganz nahe bei den M. mit seiner Mutter wohnte. Als sie ihn das erste Mal gesehen hatte, hatte er ihr die Hand hingestreckt und gesagt: »Bonhomme Jacques. Ich heiße jetzt Jacques.« Dora war besorgt: Werde ich ihn wiedererkennen? Wird er mich wiedererkennen?

In einem Dritte-Klasse-Abteil, in dem nur drei Personen saßen, fanden Vlad und sie rasch zwei Plätze einander gegenüber. Sie hatte die Namen der verschiedenen Bahnhöfe auf der Reise auswendig gelernt, um Vlad rechtzeitig Bescheid zu geben, wenn es Zeit wäre, das Gepäck zu nehmen, um auszusteigen. Vlad war sehr zerstreut, »immer ganz woanders«, sagte seine Schwester ständig. Was gewöhnliche Verrichtungen des Lebens betraf, hatte Dora keinerlei Vertrauen in ihn. Beweis: die Sache mit dem vergessenen Nachthemd. Vlad war Künstler. Er hatte ein »Künstlertemperament«, und Künstler stehen der Welt hilflos gegenüber, das ist wohlbekannt. »Eines Tages vergisst er noch seinen Kopf«, sagte Raymonde mit schwesterlicher Zärtlichkeit, in die sich Verärgerung mischte.

Der Zug hielt in Trèbes. Setzte sich, nicht ohne Zögern, wieder in Bewegung. Dora ging auf den Gang hinaus und betrachtete, die Nase an die Scheibe gedrückt, die Landschaft. Sie war niemals weiter als bis C. gefahren. Weinberge waren zu sehen, wieder Weinberge, Hügel. Mancherorts war die Lese beendet, mancherorts war sie gerade im Gange. Mancherorts hatte sie noch nicht begonnen. Es war interessant, aber monoton. In der Ferne war es wolkig. Der Zug sang das Lied der Schienen: »Fällst-du-runter-bist-du-tot, fällst-du-runter-bist-du-tot ...« Ein Herr im Gang wollte ein Gespräch beginnen. Er hatte einen komischen Akzent, rollte das »r« auf merkwürdige Weise. Sie antwortete nicht, denn sie hatte Angst, er würde sich über ihren eigenen Akzent lustig machen, würde finden, er klinge zu stark nach Toulouse. Sie lächelte vage und ging wieder ins Abteil. Vlad tat, als schliefe er. Wegen seines »elsässischen« Akzents redete er mit niemandem. Ihm lag nicht daran aufzufallen. Er hatte langes, blondes Haar.

Wenn Dora mit den M.-Kindern reiste, hatte der Älteste, Denis, die Angewohnheit, sich an die Messingstangen des Fensters im Gang zu hängen. Er hakte sich mit Füßen und Händen fest und ahmte, wie er sagte, ein »Faultier« nach. Dora und Jacqueline hätten es ihm gerne nachgemacht. Aber wegen der Röcke war das nicht möglich. Wenn sie sich kopfunter aufhängten, würde man ihren Schlüpfer sehen. Sie trug Schlüpfer von Petit Bateau. Jungen haben wirklich Glück mit ihren kurzen Hosen voller Taschen. Für die Reise hatte sie einen Schottenrock angezogen. Als sie saß, holte sie ihr »Tagebuch« aus dem Koffer. Es war in einer Schachtel geschützt. Die Schachtel war mit einem Vorhängeschloss versehen. Den Schlüssel trug sie um den Hals. Nur sie konnte ihr Tagebuch lesen. Zunächst schrieb sie in ihr schönes Heft, ein Vorkriegs-Heft: Lokomotive, *AUF EISENGLEIS RAUF*. Und dann: *EISENREISe AUF GLEIS*. Danach fügte sie hinzu: *runder Mond = rot*. Sie hatte nicht die Zeit gehabt, ihre Eindrücke vom Vortag festzuhalten, und musste ihre Verspätung aufholen. Hinter Capendu bekam die Lokomotive einen Anfall von Fiebrigkeit. Sie stieß ein paar Schreie aus, der Zug fuhr schneller. Dora schrieb mit Bleistift, um ihren Federhalter nicht in das Reisetintenfass tauchen zu müssen. Sie hätte riskiert, Flecken zu machen. Der Zug wurde langsamer. Sie kamen an.

auf Eisengleis rauf – Eisenreise auf Gleis

Sie erwarteten sie zu viert auf dem Bahnsteig: ein Herr, drei Kinder. Drei Jungen. Zwei kleine Jungen und ein Junge in ihrem Alter. Sie erkannte ihn und dachte: Wird er mich wiedererkennen? Vlad ging auf den Herrn zu und beide nahmen sich herzlich in die Arme. Der älteste der drei Jungen streckte Dora die Hand hin: »Guten Tag, Dora, wie geht es dir? Weißt du, ich heiße jetzt Jacques.« Alles war in Ordnung, alles ging gut. Sie hatte ihn wiedererkannt, er hatte sie wiedererkannt. Jetzt-Jacques deutete auf einen der Kleinen: »Joan«, sagte er. Dann auf den anderen: »Jean«. Und sofort begannen beide zu lachen, zu lachen. Sie krümmten sich vor Lachen. Die zwei Kleinen, die sechs oder sieben waren, glichen sich wie Zwillinge. Als Jacques mit Lachen aufhörte, sagte er: »Aber nein, Joan ist der da, und der da ist Jean. Siehst du, sie sind Zwillinge. Wir nennen sie ›die Zwillinge‹. Auf diese Weise riskiert man nicht, sich zu täuschen. Und da sie außerdem ständig zusammen sind …« Joan und Jean, Joan-Jean, begann, fingen an, sich sehr schnell in einer Sprache zu unterhalten, die Dora nicht kannte. Sie begannen, den Bahnsteig entlangzurennen.

Die Lokomotive sammelte ihre schiebenden Kohlenkräfte, schnaubte, stieß einen markerschütternden Schrei aus, und der Zug setzte sich in Bewegung. Die Waggons zogen vorbei, wirbelten einen kleinen Staubsturm auf. Man trat aus dem Bahnhof, wandte sich einem wartenden Automobil zu. Jacques sagte zu Dora: »Das ist ein Wagen mit Holzvergaser. Er funktioniert mit Holzkohle, nicht mit Benzin wie früher. Die Zylinder sind vorne. Auf dem Hof gibt es noch einen, da sind die Zylinder oben.« Dora antwortete nichts. Automobile, ob nun mit Holzvergaser oder ohne Holzvergaser, interessierten sie kaum. Sehr viel weniger als Straßenbahnen und Lokomotiven. Vlad redete, redete mit dem Herrn. Er schenkte ihr nicht die geringste Beachtung. Sie stand neben dem Wagen, hatte ihren Koffer zu ihren Füßen abgestellt, wartete. Jetzt-Jacques rannte mit den Zwillingen von einer Seite des Platzes vor dem Bahnhof zum anderen. Als er zurückkam, sagte er ihr: »Das ist Camillou. Er heißt Camille, aber wir sagen alle ›Camillou‹.«

Als die Zwillinge »Camillou« hörten, stürzten sie sich auf ihn, jeder klammerte sich an ein Bein und rief: »Camillou, hu, hu! Camillou, hu, hu!« Dann versuchten sie, an ihm hochzuklettern. Camille-Camillou war nicht sehr groß, hatte kaum die Größe von Vlad, der nicht sehr groß, auch nicht klein war. Wie eine Schüssel bedeckte weißes Haar seinen Kopf, sehr weiß, ein rundes, braungebranntes Gesicht. Dora spürte, dass sie ihn mochte. Er nahm einen der Zwillinge unter den Arm, Joan oder Jean. Den anderen, der sich weiter an sein Bein klammerte, schleifte er mit, als er zum Wagen ging, er öffnete die hintere Tür und warf sie, noch immer schreiend, auf die Rücksitze. Dort verstummten sie und begannen beide, am Daumen zu lutschen. Camillou sagte: »Guten Tag, Dora.« Und Dora antwortete: »Guten Tag, Monsieur.« Camillou steuerte. Vlad saß neben ihm. Hinten saß Jacques zwischen den Zwillingen und Dora. Der Motor des Holzvergaserwagens brummte, blieb stehen, lief wieder an, blieb wieder stehen.

Man brach auf. Man erledigte zunächst Einkäufe und transportierte sie in Körben, die in den Gepäckraum und auf dem Dach gestapelt wurden. Dann fuhr man auf die Landstraße. Nach einer Weile wurde es allmählich steiler. Sehr bald schliefen die Zwillinge gleichzeitig ein. Vlad und Camillou redeten. Jacques sagte nichts. Dora war müde. Sie hatte sich zum Fenster gedreht und beobachtete, wie die Platanen, die Weinberge, die Natursteinmäuerchen am Rand der Wege vorbeizogen. Man fuhr langsam, der Holzvergaserwagen unternahm beträchtliche Anstrengungen. Sein Motor sah diese als übertrieben an und äußerte seine Unzufriedenheit durch wiederkehrendes Knurren. Bei jedem besonders vielsagenden Protest des Motors sagte Jacques: »Du wirst sehen, wir bleiben liegen!« Aber seine pessimistische Vorhersage wurde jedes Mal Lügen gestraft.

Dora versuchte, keine Angst zu haben. Und dennoch. Während Camillou mit Vlad redete, ihm alles erklärte, was in der Landschaft auftauchte, machte er ausholende Gesten mit der Hand. Er nahm die Hände vom Lenkrad und überließ den Wagen seinem Willen, der nicht immer darin bestand, auf der Straße zu bleiben, vor allem nicht in den Kurven. Im letzten Moment wich er dem Graben, der Platane oder dem Kilometerstein aus. Und Jacques sagte: »Du wirst sehen, er landet noch in einem Weinberg, wie neulich.« Aber nein. Man durchquerte ein Dorf. Auf dem Platz sprudelte üppig ein Brunnen. Dora war müde. Kurven auf Kurven folgten auf Kurven. Weißer, kreidiger Staub drang zu den weit geöffneten vorderen Fenstern herein. Sie schloss die Augen. Sie schlief nicht richtig, aber war auch nicht wach. Sie bewegte sich zwischen den beiden Zuständen. Bald sah sie den nächtlichen Mond wieder vor sich, bald die Landstraße durch die schmutzige Scheibe. Sie hörte: »Wir sind gleich da!« Jacques rüttelte sie an der Schulter. Sie öffnete die Augen. Der Holzvergaserwagen überquerte eine Brücke, erklomm einen letzten steilen Anstieg, verließ die Landstraße, die sich unter der bereits hoch stehenden Sonne weiter nach oben wand, und fuhr durch ein großes offenes Tor auf der rechten Seite. Die wieder erwachten Zwillinge lachten, rutschten ungeduldig hin und her. Der Wagen bog auf eine breite Kiesallee ein, die auf beiden Seiten von Zypressen gesäumt wurde. »Willkommen in Sainte-Lucie«, sagte Jacques.

die Zwillinge: Jean, Joan. Sie sind die Zwillinge, Joan doppelt Jean. Sie sind doppelt, die Zwillinge – die Zwillinge: Joan, Jean. Sie sind die Zwillinge, Jean doppelt Joan. Sie sind doppelt, die Zwillinge

Willkommen in Sainte-Lucie«, sagte Jacques. Der Holzvergaserwagen war auf einer großen planierten Fläche gegenüber den Gebäuden stehengeblieben: einem großen Haus, aneinandergereihten Nebengebäuden. Kaum waren die Zwillinge aus dem Auto gestiegen, rannten sie links um das Haus herum und verschwanden. Zwei junge Frauen kamen heraus und halfen Vlad und Camillou, die großen Vorratskörbe vom Dach zu laden. Sie waren klein, mit sehr dunklen Haaren, braunem Teint, grimmiger Miene, beinahe Zwillinge. »Die da ist Concepción, die da ist Incarnación«, sagte Jacques.

Die Körbe und Koffer waren gerade ins Haus gebracht, als ein Mann sich von einer dutzendköpfigen Gruppe löste, die in einiger Entfernung stand. Sie schwatzten in wechselnden Sprachen. Dora erkannte Spanisch (es gab viele Spanier in Toulouse). Andere sprachen Patois, Französisch mit dem Akzent von dort, und andere noch eine andere Sprache. Der Mann näherte sich Camillou, und sie begannen, sich rasch in dieser Sprache zu unterhalten, die dem Patois ähnelte. Sie redeten laut und schienen sich heftig zu streiten. Dora hatte Angst. Jacques: »Keine Sorge. Das ist nicht schlimm.« »Verstehst du denn, was sie sagen?« »Nein. Das ist Katalanisch. Aber ich weiß genau, worüber sie sprechen. Sie sprechen von der Lese. Es gibt welche, die morgen nicht arbeiten wollen, weil Sonntag ist, und die anderen sagen ›Wir pfeifen auf den Sonntag‹. Verstehst du, sie sind Anarchisten.« Dora verstand nicht. »Und Camillou, ist der Anarchist?« »Ja.« »Ist nicht er der Chef?« »Doch, aber da er Anarchist ist, gibt er keine Anweisungen. Er sagt ›hier ist die Arbeit, die getan werden muss‹, und sie stimmen ab und entscheiden.« Der Wortführer kam zu den anderen zurück und palaverte mit ihnen, aber Dora erfuhr nicht, wie die Diskussion nun ausgegangen war. »Die Lese ist fast beendet. Ein oder zwei Weinberge da oben sind noch übrig.« Jacques deutete unbestimmt in eine Richtung hinter den Gebäuden. »Wenn du magst, gehen wir mal hin.«

Um das Auto und hier und da rannte Geflügel umher. Als Camillou und Vlad sich anschickten, ins Haus zu gehen, löste ein Erpel sich von einer Gruppe seiner Artgenossen, die miteinander tuschelten, näherte sich Camillou und machte ihn auf sich aufmerksam, indem er ihn mit dem Schnabel unten an der Hose zwickte.

»Ist das ein anarchistischer Erpel?«, fragte Dora.

Jacques lachte: »Das ist kein Erpel. Das ist eine Ente. Sie kommt immer und begrüßt Camillou, wenn er nach Hause kommt. Erkennst du sie nicht wieder? Bacadette.« Dora erkannte den Namen wieder und erkannte sie wieder.

Als sie die M. in C. besuchte, war die Ente im Garten eine bedeutende und respektierte Persönlichkeit. Sie hatte sieben Kinder gehabt, die jeweils den Namen eines Wochentages getragen hatten. Alle waren sie gestorben, sei es an Krankheit, sei es den natürlichen Tod der Enten in Zeiten großer Entbehrungen, den Kochtoptod. Aber die M.-Kinder hatten es abgelehnt, kategorisch abgelehnt, Bacadette dasselbe Schicksal erleiden zu sehen wie Montag, Dienstag, Mittwoch, Donnerstag (vor allem Donnerstag, der Liebling), Freitag, Samstag und Sonntag. Sie hatten deren Schicksal beweint (es waren wunderbare Spielgefährten gewesen), während sie sie verschlangen. Aber Bacadette, nein, war nicht gegessen worden. Sie war allein im Garten geblieben. Eine Art leicht melancholische Würde, etwas quasi vornehm Trauerndes in ihrem Quackeln auf Schwimmflossen, eine sichere Neigung, den lautesten, wildesten Spielen aus dem Weg zu gehen, hatten aus ihr rasch ein respektables, aber etwas entferntes Mitglied der Familie gemacht. Sie war ein wenig wie eine Cousine der Eltern, die nach einer Trauer hier Zuflucht gesucht und stets die gleichen Farben angelegt hatte.

Wenn Dora die Augen schloss, sah sie Bacadette, die sie gerne streichelte, wieder vor sich, häufig reglos in der Sonne auf der Terrasse, oder auf einer Allee, die Füße unsichtbar unter sich. Sie sah das dunkelgrüne glatte Federkleid, die kleinen ruhigen Augen von Bacadette, die dort ruhend wie ein Boot, bedächtig und bequem auf dem staubigen Boden saß. Es schien, als habe sie Gefallen am dunklen Inneren des Erdgeschosses gefunden, am Esszimmer, vor allem zu den Mahlzeiten. Still und ohne Zögern betrat sie den Raum. Sie hievte sich auf den Sessel, auf dem sie es sich sanftmütig bequem machte, wobei sie mit offensichtlichem Wohlwollen die turbulente Gesellschaft der Kinder sowie die Bequemlichkeit der Kissen genoss. Sie schien sorgfältig Radio zu hören (man sagte »Rundfunk«) und das Für und Wider abzuwägen. Es gab Radio Paris, aber es gab auch, heimlich gehört, »London«. Sie hörte aufmerksam zu, ohne klar Vorlieben zu bekunden. Und man hatte Dora erzählt, dass sie eines Tages, als die greisenhaft unselige Stimme von Marschall Pétain im Raum ertönt war, würdevoll vom Sessel herabgestiegen sei und sich zur Tür begeben habe, wobei sie im Augenblick des Hinausgehens unter ihren mit einem kurzen Fächeraufschlag gehobenen Schwanzfedern einen breiten flüssigen braunen, schleimigen Entenschiss als Kommentar hatte entweichen lassen. Und was tat Bacadette jetzt in Sainte-Lucie? Sie war, ganz einfach, im Ruhestand. Und da Camillou die einzige Person war, die sie mit ihrer Vergangenheit verband, hing sie sehr an ihm, wie Dora gerade gesehen hatte. Camillou tätschelte freundlich Bacadettes Schädel. Jacques bückte sich, nahm sie in die Arme und küsste sie auf den Hals. Dora hätte es gern genauso gemacht, aber sie traute sich nicht.

quakqaxkuxq? – xkqaxquakux?

KAPITEL SECHS

Unveränderlich brannte die Sonne tagsüber stark. Sie machte ihren täglichen Spaziergang über den Himmel, ohne auf das geringste Wolkenhindernis zu treffen. Sie erhob sich jeden Tag ein wenig später, neigte sich ein wenig früher, verlor aber nichts von ihrem mediterranen Stolz. Sie waren nicht in Toulouse, oh nein, sagte Jacques verächtlich. Dora erwiderte nichts. Es herrschte fast immer Westwind, Cers. Der Autan, der Meerwind, hatte den Kampf offensichtlich aufgegeben. Manchmal herrschte absolute gluthitzige Stille. Wenn Dora nach der Siesta vor das Haus trat, gegenüber dem Verwilderten Park, und sich auf der baumlosen Terrasse vorwagte, flimmerte es ihr häufig vor den Augen. Sie schwankte. Sie schloss für einen Moment die Augen und fand das Gleichgewicht wieder. Aber im Innern des Hauses war es dunkel und kühl. Es war ein »Herrenhaus«, in alter Art.

Gegessen wurde an einem großen rechteckigen Holztisch, der nur eine Verlängerung der Küche zu sein schien. Die Küche glänzte vor Sauberkeit. Im hinteren Teil stieg man über eine Wendeltreppe mit Steinstufen in einen Keller hinab, der noch kühler war als das Haus, das fast kalt wirkte, wenn man von draußen kam. Im hinteren Teil des Kellers, hinter der Tür, waren die »Fuder«, bauchige, dicke Ungeheuer in der Farbe bräunlichen Weins, in zwei Reihen nahezu ins Unendliche aufgereiht. Die beiden ersten waren die dicksten, die »plumpsten«. Das linke war ein wenig größer als das rechte: »Das sind die Eltern. Und die anderen, dahinter, sind die Kinder.« Dora hatte Mund und Nase aufgesperrt. Der Weingeruch war stark, der Boden roch nach Alkohol. Die Zwillinge spielten zwischen den Fudern, hinter den Fässern Verstecken.

Incarnación und Concepción saßen an dem einen Ende des Tischs, Camillou am anderen. Zu seiner Rechten Vlad. Der Teller und der Stuhl zu seiner Linken waren meistens leer. Clémentine, die Frau von Camillou und Großmutter der Zwillinge, kam praktisch nie aus ihrem Zimmer herunter. Sie war »leidend«. Jacques, Dora, die Zwillinge setzten sich dorthin, wo ihre Servietten in ihrem »Serviettenring« lagen. Dora hatte einen Serviettenring aus Holz, der mit einem »D« markiert war, den Concepción für sie aus dem großen Büffet geholt hatte. Die der Zwillinge trugen beide ein »J«. Auf dem von Jacques war kein Buchstabe. Am Anfang gab es drei oder vier leere Plätze. Ein Gedeck war immer aufgelegt.

Man erwartete jemanden, der nicht kam. Bei Tisch aß man, was man wollte, man stand auf, wann man wollte. Camillou schimpfte praktisch nie. Nur wenn die Zwillinge zu viel Lärm machten, klopfte er mit der Gabel an sein Glas, legte einen Finger an den Mund und machte »psst«. Sie hörten mindestens eine Minute lang auf. Vlad und Camillou tranken Wein, einen dunklen Wein, der in den Gläsern schwer wirkte.

Die Kinder tranken Wasser, das aus dem Brunnen kam und im Keller seine Kühle bewahrt hatte. Auf dem äußeren Sims des Fensters in ihrem Zimmer stand im Winkel eines Fensterladens ein Tonkrug, und wenn Dora in der Nacht aufwachte, holte sie dort ein Glas Wasser, das unglaublich kühl war, so kühl wie das aus dem Keller, fast kalt. Dora schlang. Es gab so viel mehr zu essen als in Toulouse. Sie hatte solchen Hunger, dass sie noch mehr gegessen hätte, wenn sie gekonnt hätte. Incarnación betrachtete diesen Appetit als Würdigung ihrer Küche, in der die Kichererbse dominierte. Nur wenig dominiert von der Tomate. Die Tomate als Salat, mit Olivenöl, mit rohem Knoblauch und rohen Zwiebeln. Die Tomate in der Pfanne mit Knoblauch gebraten. Manchmal, selten, die Tomate in Rührei. Der Nachtisch: Obst oder Mus, große Schalen Pflaumenmus zum Beispiel. Die Früchte waren in einem der Kupferkessel gekocht worden, die an der Wand hingen, in absteigender Größe auch sie, genau wie die Fuder. Keine Marmelade, mangels Zucker.

Am Ende der Mahlzeit klopfte Concepción ihr auf den Bauch und lachte: »Die Panchoulina, die Panchoulina!«

Das Beste für Dora war jedoch das Frühstück. Wenn sie aufwachte, waren Jacques und die Zwillinge bereits lange heruntergekommen. In Toulouse musste ihre Mutter sie rütteln, damit sie rechtzeitig für die Schule fertig war. Aber hier stand sie auf, wann sie wollte. Wenn sie an ihre Mutter dachte, weinte sie morgens nie. Nie am Tag. Nur abends, in ihrem Zimmer, wenn niemand sie sehen konnte. Vor allem nicht Jacques. Er hätte sich vielleicht lustig gemacht. Das war ein Risiko, das sie nicht eingehen wollte. Aber vielleicht weinte er auch, wenn er an seine Mutter dachte. Seit sie am ersten Morgen das Haus betreten hatten, hatte Vlad offenbar vergessen, dass es sie gab. Er küsste sie abends, wenn sie hinaufging, um sich schlafen zu legen, auf beide Wangen, und das war alles. Sie war darüber weder überrascht noch verärgert. Vlad, ihr Onkel, war so. Beim Frühstück trank sie eine große Schale heiße Milch ohne Zucker. Ihre Schale war blau, die von Jacques grün. Die Zwillinge hatten jeder eine rote Schale. Auf der einen stand »Joan«, auf der anderen »Jean«. Dora war sich nicht sicher, ob es wirklich Joan war, der aus der Joan vorbehaltenen Schale trank, und Jean, der aus der Jean vorbehaltenen Schale trank. Die Tage vergingen, aber es gelang ihr nicht, die Zwillinge auseinanderzuhalten. In der zweiten Woche nicht besser als in der ersten, in der dritten nicht bes-

ser als in der zweiten. Nur die Kinder und Clémentine
hatten Anrecht auf Milch. In Clémentines Milch kam
ein Stück Zucker. In die Schalen wurden geröstete Brotscheiben getunkt. Ein gelbes Brot, aus Maismehl. Sie aß
drei, vier, fünf Brotscheiben. Das war sehr gut.

*das Wasser frisch, das Brot. der Keller, die Fuder. das Wasser, das
Brot. Fuder, frisch der Keller. das Wasser*

KAPITEL SIEBEN

Am dritten Morgen nach ihrer Ankunft brachte Concepción ihr zum Frühstück ein Ei. Ein weichgekochtes Ei. Die anderen hatten ebenfalls ein Ei bekommen. Die geblümten Eierbecher mit Überresten von Eigelb und Schale standen noch auf dem Tisch, aber das Ei von Dora war größer. Kein Eierbecher hätte es fassen können. Als Dora mit großem Genuss ihr Ei gegessen hatte, fragte Jacques sie: »Hat dir das geschmeckt?« Er war von draußen hereingekommen, voller Staub, die Knie von Brombeerranken aufgerissen, in Begleitung eines Kochtopfs, und füllte Brombeeren in eine Schale, um sie Clémentine zu bringen. Er schüttete eine Handvoll in Doras Schale und wiederholte: »Hat dir das geschmeckt?« »O ja!« »Und was ist das?« Dora verstand die Frage nicht. Sie zögerte und sagte: »Ein Ei.« »Natürlich ein Ei. Aber von wem?« Dora kam sich ganz dumm vor. Sie hatte sehr wohl bemerkt, dass ihr Ei größer war als die anderen, aber da sie sehr selten die Gelegenheit hatte, zu Hause welche zu essen, weil Eier so rar geworden waren wie Butter, Kohle und Goldklümpchen, hatte es sie nicht übermäßig verblüfft. Ein wenig enttäuscht sagte Jacques: »Aber das ist kein Hühnerei. Es ist ein Entenei. Es ist ein Ei von Bacadette. Sie legt nicht viele. Normalerweise heben wir sie für Clémentine auf. Aber heute morgen habe ich zwei gefunden, und Concepción hat entschieden, dass das zweite für dich sein sollte.« Dora wurde rot und sagte: »Danke, das war wirklich gut.« In der Tat.

Als sie am ersten Morgen mit ihren Koffern durch die kleine, auf die planierte Fläche vor dem Gebäude führende Seitentür das Haus betreten hatten, war Bacadette mit ihnen hineingegangen und dann in den Tiefen verschwunden. Sie wohnte nicht zusammen mit dem anderen Federvieh im Bauernhofteil des Landguts. Man hatte ihr das unwürdige Zusammenleben mit den Hühnern erspart. Sie bewegte sich nach Belieben im Haus und hatte ihre Gemächer in einem kleinen, von Mauern umgebenen Garten auf der Rückseite. Wenn sie Gesellschaft brauchte, kam sie und nahm am Abendessen teil, saß neben Camillou oder bequem auf seinen Knien, wie eine Katze.

Aber in ihrem goldenen Ruhestand hatte sie nicht vergessen, dass ihre wesentliche Aufgabe, ihre Existenzberechtigung als weibliche Angehörige der Gattung Ente darin bestand, Eier zu legen. Diese Aufgabe nahm einen großen Teil ihrer inneren Energie in Anspruch. Sie war auch Grund für ihre Besorgnis. Vor ihrem Ruhestand legte sie jeden Tag eines und manchmal zwei dieser schweren, kostbaren, gehaltvollen, durch ihre Farbe, ihre Form, die Größe, die Dichte des dunkleren und intensiveren Gelbs, des kompakteren Weiß reizvollen, unendlich viel reizvolleren Eier als die nur nützlichen der dummen Hühner. Als sie nach Sainte-Lucie gekommen war, fühlte sie sich ihrer Aufgabe des Eierlegens nicht entbunden. Sie war weniger jung und legte weniger, aber sie legte. Außerdem hatte sie die Gewohnheiten ihres früheren Lebens beibehalten. Legte ihre Eier nicht einfältig, monoton alle an derselben Stelle, und nicht zur selben Zeit am Tag. Sie tat nicht alle in denselben Korb. Im Gegenteil, sie bemühte sich, sie unaufhörlich an unterschiedlichen Orten abzulegen und tatsächlich sogar zu verstecken. In ihrem vorherigen Domizil war es ihr darum gegangen, sie den neugierigen Blicken der Kinder zu entziehen. Es ist schwer zu beurteilen, ob ihre Versuche, ihre Produktion den kindlichen Nachforschungen zu entziehen, von Anbeginn ihrer Existenz die Regel gewesen waren oder ob sie auf das, was sie sicherlich als Zudringlichkeit empfunden hatte, reagiert hatte, da sie in Ruhe legen wollte, zu ihrer Zeit, und da sie das Eierlegen als eine ernste und private Angelegenheit betrachtete, die nicht im Geringsten Blicke von außen brauchte. Wie auch immer, sie hatte es sich angewöhnt, immer früher am Tag zu legen und ihr Versteck so häufig wie möglich zu wechseln.

Es gab dabei alles, was für ein Spiel erforderlich war. Ziel des Spiels war es natürlich, das Ei von Bacadette zu entdecken und es vor dem Frühstück auf den Küchentisch zu legen. Das Spiel unterteilte sich dann in zwei Unter-Spiele. Das erste war das zwischen zwei Mannschaften: Bacadette *versus* alle Kinder. Bacadette versteckte, die Kinder suchten. Das zweite Unter-Spiel war dasjenige, welches alle Kinder untereinander zu Gegnern machte: der Erste sein, der den verborgenen Schatz herbeibringt, das Gold des Eies, das goldene Ei. Eine ärgerliche Situation für alle war es, wenn nicht nur das Ei nicht vor dem Frühstück entdeckt wurde, sondern es zufällig im Lauf des Tages oder gar an einem anderen Tag in die Hände eines Erwachsenen fiel, Vater oder Mutter, bei einer Gartenarbeit zum Beispiel, unter einem Kürbis, am Fuß einer Dahlie. Der Triumph dagegen bestand darin, Bacadette beim Eilegen zu überraschen und das noch ganz warme, gerade aus dem Ofen gekommene (wenn man so sagen darf) Ei zu ergreifen. Einmal am ganz frühen Morgen war sie, erzählte Jacques, so von der Überraschung überwältigt, dass sie während der Flucht sofort ein zweites, noch nicht wirklich fertiges Ei legte, dessen Schale noch ganz weich war.

Zumeist war jedoch, um das verborgene Ei zu finden, eine sehr lange Suche vonnöten. Bacadette war von ungeheurer Erfindungsgabe. An den Nachmittagen widmete sie sich, mitten auf einem Weg sitzend, den Schnabel auf der Brust, ohne sich auch nur zu rühren, wenn man an ihr vorbeiging, mit hartnäckiger Konzentration dem Ersinnen neuer Verschleierungsstrategien. Da sie in Sainte-Lucie wieder Kinder angetroffen hatte, die jetzt erneut zu viert waren, hatte das Spiel für sie neu beginnen können, und sie verbarg ihre Eier nicht mehr vergeblich. Sainte-Lucie bot unter diesem Blickwinkel eine noch breitere Auswahl als ihr erster Wohnsitz, und das erlaubte ihr, niemals dieselbe Auswahl in kurzen Intervallen zu wiederholen. In einem winzigen Kabuff, einem ehemaligen, nicht mehr benutzten Werkzeugschrank ihres Gartens, hinter einer Kiefer in der linken Ecke der Umfassungsmauer, ungefähr um zehn vor zwölf auf der Raumuhr, die Jacques sich zur Beschreibung ausdachte, »erfand« sie auf diese Weise nicht weniger als zwölf unterschiedliche Verstecke. Ihre spektakulärste Leistung war von großer Schlichtheit: Eines Morgens ungefähr zur Monatsmitte kam sie und legte ihr Ei auf den Klavierhocker, auf dem Vlad es erst fand, als der halbe Vormittag vorbei war. Man könnte meinen, sie habe in der grüngrau kartonierten Ausgabe der Werke von Charles Baudelaire, in der Dora »Sturz in den Malstrom« gelesen hatte, ernsthaft über die Lehre von »Der entwendete Brief« nachgedacht.

Ein Ei, zwei, drei, vier. Ein Ei, drei, vier. Ein Ei, vier. Ein

Die Zimmer im zweiten Stock waren die der Kinder. Von ihren Fenstern aus sah man den <u>Verwilderten Park</u> von oberhalb, als betrachtete man von oben einen dichten Haarschopf. Unter den Fenstern des ersten Stockwerks war die Mauer links von der Tür kahl, mit einer glatten Fassade. Davor eine zementierte rechteckige Fläche. Dort spielten Jacques und die Zwillinge ein Spiel, das sie »Pelote basque« nannten. Man spielte zu zweit. Ein Tennisball sprang gegen die Mauer, die als Netz diente. Der Ball musste sie auf einer Mindesthöhe berühren, die durch eine natürliche Teilung im Verputz der Mauer angezeigt wurde, durfte danach nicht aus dem Spielfeld springen, das nach hinten durch eine parallel zur Mauer als Furche im Zement gezogene Linie begrenzt war. Jeder der beiden Spieler schlug den Ball abwechselnd mit der Handfläche zurück. Man zählte wie beim Tennis, so wie Camillou es ihnen beigebracht hatte. Er war Bewunderer der »drei Musketiere des französischen Vorkriegstennis« Cochet, Lacoste und Borotra, sowie auch von Tilden und Suzanne Lenglen gewesen. Er hatte die Zwillinge gelehrt, wie man es macht: »2–0«, »6–3«, »Vorteil!«, »Einstand!«, »Spiel!«

Als Goodman fünfzig Jahre später unmittelbar links von der Tür das winzige Fenster sah von dem, was die (nicht mehr benutzte und zur Besenkammer gewordene) Toilette im Erdgeschoss gewesen war, schloss er die Augen. Er »simulierte« in der Erinnerung ein Betreten der Diele in Richtung der gegenüberliegenden Küche, der Treppe mit den gebohnerten Stufen, des großen Buffets mit Tischwäsche und Geschirr links von der Küchentür und gestattete sich, diese so alte Konstellation zu betreten, und doch entdeckte er sie, die so vertraut geblieben war, als mit etwas erfüllt, was er versucht war als einen Geruch von Dämmerlicht zu bezeichnen. Nichts ging dort direkt auf das Tageslicht draußen hinaus. Mit geschlossenen Augen öffnete er die Tür und sah, im Wieder-Sehen, was er in der Erinnerung von sehr weit unten gesehen hatte. Es war, als ob sein anwesendes Ich, Goodman im Jahr 1992, im Sitzen oder auf Händen und Knien oder kriechend sich vorwärts bewegen würde. Er bewegte sich in der unteren Schicht dieses Raums vorwärts, einen Meter, einen Meter zwanzig über dem Boden. Übrigens war ihm die waagerechte Linie auf der Mauer, die als Grenze zwischen erlaubt und nichterlaubt beim Ballspiel von früher diente, beim ersten Blick als viel, viel zu niedrig erschienen.

Dora machte bei diesem Spiel keine großen Fortschritte. Die grauen, abgenutzten Bälle taten ihr weh.

Nach einer Weile, während einer Partie, brannten ihr die Handflächen. Die Hände der Zwillinge hatten eine harte Haut, fast ebenso hart wie die Hornhaut, die sie an den Fußsohlen hatten. Denn sie liefen zumeist barfuß, ohne Sandalen. Weder der Kies noch die Dornen drangen in diese Schutzschicht, die natürliche Schuhsohle, ein. Jacques übte, es ebenso zu machen. Auf dem Kiefernnadelteppich im Park ging es noch. Anderswo jedoch tat es weh. Dora hatte es nicht länger als eine Minute ausprobiert. Sie zog die guten Espadrilles vor, die »Catalanes«, die Camillou ihr geschenkt hatte. Dora spielte nur selten. Sie blieb während der Partien lieber in einem kleinen Korbsessel sitzen, gab den Schiedsrichter, zählte, verkündete den Spielstand. Manchmal, wenn Clémentine sich ein wenig besser fühlte, kam sie im Schlafrock aus ihrem Zimmer herunter und legte sich neben ihr in den Schaukelstuhl, der aus der Veranda geholt wurde. Die Veranda ging auf den Garten hinaus, der Bacadettes Wohnung war. Die Ente kam dann, setzte sich auf ihr Knie und kommentierte die Partie mit zustimmendem Kopfnicken.

Die Zwillinge, Joan so wie Jean, Jean so wie Joan, besiegten Jacques, der doch älter und größer war, regelmäßig. Er versuchte, nicht verärgert zu wirken, aber Dora sah sehr gut, dass er es war. Die Partien dauerten, dauerten. Ziemlich rasch erlahmte ihre Aufmerksamkeit, sie begann, Fehlentscheidungen zu treffen, und man »ent-

fernte« sie von ihrem Posten. »Kaltgestellt«, öffnete
sie die Schachtel, die ihr Tagebuch enthielt, mit ihrem
Schlüssel und begann zu schreiben. Sie dachte an ihre
Mutter, fragte sich, wo sie jetzt wohl sei. Sie dachte an
jene mysteriöse Reise, die sie machen sollten, Vlad,
Jacques und sie, in die Pyrenäen. Sie dachte an Spanien. Manchmal war die Luft am Morgen außergewöhn-
lich klar, und vom Fenster des Speichers aus sah man die
Berge, als seien sie über Nacht näher gekommen. Sie
hatten schmale Schläfen, die weiß bedeckt waren. Der
Schnee. Der ewige Schnee.

Dora ließ die Gedanken schweifen. Sie brächen ins
Gebirge auf, um es zu durchqueren. Sie beträten die
Schneefelder. Sie kletterten. Sie kletterten und erreichten einen dieser Pässe, die auf der Karte eingezeichnet
waren. Dort hielten sie an, um Spanien zu betrachten,
bevor sie in eine Ebene hinabstiegen. Sie sähe den
Strom, den Guadalquivir »mit dem granatfarbenen
Bart«. Dort gäbe es Paläste, die Alhambra. Dort gäbe es
Rosengärten. Dort hörte man den Ruf der Kirchenglo-
cken oder den der Minarette. Oder sie legten sich zum
Ausruhen in den Schnee. Sie schliefen ein und wenn sie
erwachten, wäre Zeit, sehr viel Zeit vergangen. Nicht
zwanzig Jahre wie in »Rip Van Winkle«, der Erzählung,
die sie gerade gelesen hatte, aber genügend Zeit, dass
der Krieg endlich beendet wäre. Sie stiege mit Vlad in
die Ebene hinab. Raymonde erwartete sie am Bahn-

47

hof ... Jacques schüttelte sie an der Schulter: »Schläfst du etwa? Die Partie ist zu Ende. Wir gehen in den Park. Kommst du mit?«

Pyrenäen? Sainte Lucie. Tennis, Pelote, Pyrenäen? Tennis, Sainte, Pelote, Lucie. Pyrenäen?

KAPITEL NEUN

Nach Sainte-Lucie gelangte man über die breite Allee aus majestätischen Zypressen, Zedern, Tannen und Kiefern; sehr großen, unermesslich großen Kiefern. Noch unermesslicher und breiter waren die Pinien mit ihren Zapfen, den »Kienäpfeln«, und den Pinienkernen darin, die man ernten, mit Steinen aufbrechen, essen konnte. Die Allee war mit Piniennadeln und Pinienzapfen bedeckt. Ein brauner, leicht rostbrauner Teppich aus Piniennadeln unter den Rädern der Wagen, der Fahrräder. Es war wie ein Flüstern von Rädern. Die Allee öffnete sich am einen Ende zur Landstraße, eine Landstraße der Corbières zu einem Dorf hin, Saint-André-de-Roquelongue; links, wenn man hinausfuhr, auf einer abschüssigen Straße, war das Dorf ungefähr einen Kilometer entfernt. Am anderen Ende führte sie auf den großen Hof vor dem Haupteingang des Hauses, dem, der nach außen gewandt war, zur Landstraße hin. Auf der Allee herrschte ein bisschen Verkehr: Fahrräder, Fußgänger, Holzvergaserwagen. Ein Hund rannte, bellte. Ein wenig Bewegung, nicht viel.

Nie aber war jemand im Verwilderten Park. Er gehörte allein den Kindern. Parallel zum Eingangsweg eine Sandallee, vollständig getrennt von der anderen. Eine von Eiben gesäumte Allee: sehr düstere Eiben, wie zum Heraufbeschwören englischer Trauer. Eiben mit winzigen elliptischen Blättern, sehr dicht beblättert, aufrecht. Strenge, kalvinistische Trauergeradheit der Eiben. Eiben sind sehr häufig Friedhofsbäume. Nicht hier. Die roten Kugeln ihrer Kerzenfrüchte, wie die Kerzen in einem Geburtstagsbaum. Es sind Früchte, die keine Kugeln sind, eher zylindrische Muffen mit wenig Substanz um einen harten Kern. Verlockende, aber verbotene Früchte. »Giftig!«, so sagte man den Kindern, seien die Früchte dieser Todesbäume. Die Früchte der Eiben waren nicht hart. Wenn Dora sie zwischen den Fingern zerdrückte, hinterließen sie dort ihre weiche, durchscheinende, schmierige Substanz. Früchte der Eibe von roter, dunkler Farbe. Am Baum glänzend mit dunklem, tiefem Glanz. Aber einmal gepflückt rasch trüb, unmöglich sie so, wie sie waren, zu bewahren, frisch und glänzend, denn sie schrumpften fast sofort zusammen, schrumpelig, getrübt.

Die Eibenallee verlief im rechten Winkel zur privaten Seite des Hauses, derjenigen, die sich nicht zum Hof hin öffnete. Sie verlief parallel zur Zierallee, die als majestätischer Eingang von der Landstraße aus diente. Die dich-

ten Eiben an einem Gitter zu ihrer Linken trennten den
Verwilderten Park im engeren Sinne ab. Dort begann er,
dicht und gedrängt, nur wenige Meter vom Haus, von
dem zementierten Gelände entfernt, das dem Ballspiel
vorbehalten war. In der Allee, auf dem sonnenbeschiene-
nen Sand am Fuße einer Eibe, der düstersten, eine Ko-
lonne schwarzer Ameisen. Das mit einem kleinen Was-
sereimer, einem Strandsandeimer im Hof am Brunnen
geholte Wasser bildete eine Lache, die die Zwillinge dort
hingeschüttet hatten, und ein Hindernis, das die militä-
rischen Transportlinien der Ameisen unterbrach. Die
Wasserlache, für die Insekten ein echter See, verstörte
die Geschäftigkeit der korntransportierenden Ameisen, die Ameisen des »Ameisenpioniertrupps«, der Brü-
ckenbaupioniere in Reisig. Es herrschte ein beständiger
Ameisenverkehr in beide Richtungen. Begegnungen, Lo-
sungsworte, Wiedererkennen von Fühlern; Ballungen,
schwarze Ausflockungen um eine gewaltige tote Wespe,
wie Lilliputaner um den gefesselten Riesen, Gulliver.

Um sich später, wenn alles wieder in friedliche Ordnung gekommen wäre, daran zu erinnern, um es ihrer
Mutter zu erklären, gab Dora diesem Baum, der eibisch-
ten aller Eiben, der kahler, feiner war als alle anderen, einen Namen. Den notierte sie in ihr Tagebuch als Sinn-
bild des Tages: Die Ameiseneibe. An einem anderen Tag,
vor einer anderen Eibe ein wenig weiter im Park, knöpfte
Jacques, der einen anderen Ameisenzug überrascht hatte,

seine »Shorts« auf und pinkelte darauf. Die Zwillinge taten es ihm sofort nach. Und Dora, die ihren Rock hob, mit dem Finger ihren Schlüpfer zur Seite schob, zeigte ihnen stolz, dass, auch wenn sie ein Mädchen war, sie ebenfalls im Stehen pinkeln konnte. In der Schule hatten ihre Mitschülerinnen und sie in den Pausen lange geübt, abseits vom Blick der Lehrerinnen, die ruhig schwatzten, ohne allzu sehr aufzupassen. Mädchen, nicht wahr, sind nicht wie Jungen, sie müssen nicht die ganze Zeit beaufsichtigt werden. Sie verpassen sich keine Schläge in die Visage, sie brüllen nicht wie die Irren ...

Dora pinkelte im Stehen auf die Ameisen, wie Gulliver. Die Ameisen konnten es nicht fassen. Ihr Schlüpfer war ein wenig nass geworden, aber die Luft war trocken. Es trocknete schnell. Als sie in ihr Zimmer zurückging, wechselte sie den Schlüpfer. Sie war sehr stolz, sich getraut zu haben. Aber weder Jacques noch die Zwillinge schienen von ihrer Großtat überrascht. Die Zwillinge, die nicht zur Schule gingen, behandelten sie nicht als einer anderen Art zugehörig, der Mädchen-Art, wie es Jungen gewöhnlich tun, sobald sie im Schulalter sind. Jacques sah sie neugierig an, gab aber keinerlei Kommentar ab. Er war vielleicht nicht überraschter als die Zwillinge. Im Übrigen hatte er keine Schwester.

Ameisen Eibisch, Ameisen. Bin nackig. Bin Eib? Nackt, Ameisen

Eines Abends, man saß bereits im Esszimmer, war im Hof das Geräusch eines Autos zu hören, Camillou erhob sich, ging von den Zwillingen gefolgt hinaus. Man hörte Stimmen, es dauerte einen Moment, und zwei Personen hielten Einzug. Die eine war eine junge Frau, dunkelhaarig, sehr dunkelhaarig, so dunkelhaarig, dass man hätte meinen können, ihre Haare seien aus Anthrazit gesponnen, der Kohle, mit der bei den M. im Winter der Ofen vollgestopft wurde. Sie war sehr dunkelhaarig und sehr schön und sehr jung, ohne Hut, »barhäuptig«, das Haar bis zu den Schultern, der Mund rot, sehr rot. Dora sah sie fasziniert an. Sie kam herein, schleifte die Zwillinge, die beide an ihrem roten, recht kurzen Rock hingen, buchstäblich mit sich, jeder wie an einem ihrer Beine festgeklammert. Jacques sah sie ebenfalls an. Sie kam herein, gefolgt von Camillou und einem Mann, der jung war, fast ein Jüngling, der zwei Koffer trug, einen schweren. Er war groß, viel größer als Vlad und als Camillou. Er war sehr blond, mit blassem Teint. Er stellte die Koffer auf den Boden.

Die junge Frau und ihr Begleiter nahmen am Tisch Platz, wo Incarnación, kaum hatte sie das Geräusch des Autos gehört, ein neues Gedeck neben das aufgelegt hatte, das immer da war und das also für die junge Frau, die Tochter von Camillou, reserviert gewesen war, die Mutter der Zwillinge. Das war sie, unnötig, es zu sagen. Camillou gab übrigens keine weiteren Auskünfte. Er sagte: »Teresa, ich stelle dir Dora vor. Jacques kennst du bereits.« »Guten Abend Dora, guten Abend Jacques.« Dora schrieb den Namen der Mutter der Zwillinge am Abend in der Form »Thérésa«, aber sie strich dann das »h« und die beiden Akzente. Der Name des jungen Mannes war Jim. Er sprach nicht, setzte sich, schien müde, auch ein wenig verloren. Dora fragte sich, ob er der Vater der Zwillinge sei. Sie glichen ihm jedenfalls nicht.

Die Zwillinge glichen einander und glichen ihrer Mutter. Concepción servierte einen improvisierten Salat mit Paprikaschoten, Zwiebeln, schwarzen und grünen Oliven und vor allem Tomaten, sowohl dicken, extrem roten Tomaten als auch kleinen ovalen roten oder gelben Tomaten, »Olivettes«. Danach gab es ein Omelett mit Auberginen. Und einen Nachtisch, Frischkäse aus dem Käsesieb, von dem, der im Keller in Formen abtropfte. Die Form hinterließ kleine Stacheln auf der weißen Masse der Frischkäse. Sie wurden mit Honig, einem weißen, durchsichtigen, fast farblosen Honig übergossen. Dora hatte noch nie an einem so üppigen Abendessen teilgenommen. Camillou und Teresa wechselten einige Worte auf Katalanisch. Camillou schien nicht besonders glücklich über die Ankunft von Jim. Dora spürte das an seinem Tonfall. Vlad sagte, wie gewöhnlich, nichts. Er trommelte mit seinen langen Pianistenfingern auf dem Tischtuch. Teresa schien von den Vorhaltungen ihres Vaters nicht berührt. Es handelte sich um Vorhaltungen, dessen war Dora sich sicher. Aber sie machte sich nicht lange Gedanken, so sehr war sie damit beschäftigt, jeden Bissen des außergewöhnlichen Essens, das die Rückkehr der geliebten »verlorenen Tochter« feierte, auszukosten. Jacques ließ Teresa nicht aus den Augen. Die Zwillinge kamen, kaum hatten sie ihre Portionen verschlungen, und setzten sich ihrer Mutter zu Füßen, jeder auf einer Seite. Sie lächelte sie an, tätschelte ihnen den Kopf und redete rasch auf Englisch mit Jim.

Dora wusste, dass es Englisch war. Sie hatte Radio London gehört und man hörte es auch in Sainte-Lucie. Sie dachte, dass Jim Engländer sei; oder dass sie Englisch redeten, um nicht verstanden zu werden. Aber Jacques schien Teile des Gesprächs zu verstehen. Nachdem das Essen beendet war, gingen Jim und Teresa, Teresa noch immer mit ihren Söhnen beladen, in die Zimmer, im ersten Stock, unterhalb der Zimmer, in denen Dora, Jacques und die Zwillinge schliefen. Das Zimmer von Teresa lag direkt unter dem der Zwillinge. Dora und Jacques waren mit ihnen hinaufgegangen. In Teresas Zimmer stand ein breites Bett mit zahlreichen Fotos von Teresa an der Wand. Jim wurde in ein Zimmer nebenan gebracht, unter dem von Jacques. Concepción brachte eine Karaffe Wasser, die sie auf Teresas Nachttisch stellte. Nachdem sie das Gepäck in den Zimmern abgestellt hatten, gingen sie, begleitet von den Zwillingen, hinunter. Dora wäre ihnen gerne gefolgt, aber es war spät. Sie wagte es nicht; außerdem war sie müde. Jacques ging mit den anderen nach unten.

Dora war müde. Sie suchte Schlaf, fand ihn aber nicht. Ihr Kopf war voller Fragen. Sie fand Teresa sehr schön, aber sie machte ihr ein wenig Angst. Ohne zu wissen, warum, war sie der Meinung, dass Jacques sie zu oft ansah. Sie interessierte sich für Jim. War er wirklich ein Engländer? Und wenn er wirklich ein Engländer aus England war, was tat er dann in Frankreich, in dem von den Deutschen besetzten und im Krieg gegen sein Land befindlichen Frankreich? All das war eigenartig, erregend, erschreckend. Sie wälzte und wälzte sich auf ihrem Kopfkissen. Sie hörte nichts von dem, was unten gesagt wurde. Sie mussten im »Salon« sein und hatten sicher die Tür geschlossen. Sie schlief ein, hörte undeutlich das Geräusch der Schritte der Zwillinge und Jacques', die hinaufgingen zum Schlafen. Als sie die Augen öffnete, war helllichter Tag.

ein Teller weißer Honig, ein Teller unter der Sonne am Mittag, Honig unter der weißen Sonne am Mittag, in einem Teller

Hast du vergessen? Heute gehen wir zur Lese. Beeil dich mit dem Frühstück.« Dora, ein wenig gehetzt, ein wenig verschlafen, antwortete nicht und trank weiter bedächtig ihre Schale Milch mit Honig. Jacques setzte sich und wartete darauf, dass sie damit fertig war. »Komm, wir holen die Zwillinge. Der Karren wartet auf uns.« Die Aussicht auf eine Fahrt hinauf in die Hügel in einem von einem Pferd gezogenen Fahrzeug lohnte ein wenig Beeilung. Dora beeilte sich. Sie rannten ins zweite Stockwerk hinauf. Die Zwillinge waren nicht in ihrem Zimmer. Im ersten Stock klopfte Jacques an die Tür von Teresas Zimmer. Man hörte wildes Gelächter und Getrappel. Jacques schlug ein weiteres Mal an die Tür und da er keine Antwort erhalten hatte, öffnete er die Tür und blieb auf der Schwelle stehen. Teresa und die Kinder rannten wild herum. Die Zwillinge versuchten, ihrer Mutter zu entkommen, die sie verfolgte, einen nach dem anderen einholte und sie auf das Bett warf, von wo sie

aufsprangen und sich erneut an die Erstürmung machten, sich an Teresas Beine klammerten und versuchten,
an ihnen hochzuklettern. Eine höchst gewöhnliche und
normale Szene.

Bis auf den Umstand, dass Teresa nackt war. Vollständig, total und von oben bis unten nackt. Um die Wahrheit
zu sagen, nicht ganz. Immerhin hatte sie Strümpfe an,
um auf dem Holzfußboden zu laufen und ihre Fußsohlen vor Splittern zu schützen. Splitterfasernackt, dachte
Dora. Sie war nicht sonderlich schockiert. Ihre eigene
Mutter verbarg ihre Nacktheit nicht vor ihr, wenn sie allein waren, also die meiste Zeit. Raymonde war blond,
Teresa dunkelhaarig, und die Vegetation unterhalb ihres Bauches war extrem schwarz, dreieckig sich abzeich-
nend, gelockt. Dora war nicht schockiert, war aber der
Ansicht, ihre Mama sei da schöner. Jacques stand wie zur
Salzsäule erstarrt. Er war rot geworden, und Dora sah,
dass sein Blick sich erfolglos bemühte, sich nicht auf Teresas Bauch zu richten und auch nicht auf ihren Hintern,
wenn sie sich bückte, um einen Zwilling um die Taille zu
packen und ihn auf das Bett zu werfen, und auch nicht auf
ihre kleinen, hohen Brüste mit ganz rosafarbenen Spitzen, die sich heftig bewegten. Unter den Armen war sie
ebenso dunkelhaarig, und ihr Haar fiel ihr sehr weit in
den Rücken. Dora fand Jacques ziemlich tölpelhaft. Teresas Nacktheit schien ihr keine derart aufsehenerre-
gende Reaktion zu verdienen.

Außer Atem unterbrach Teresa das Spiel, legte sich wieder aufs Bett, wo die Zwillinge sich, unersättlich, auf sie stürzten und dabei »Weiter! Weiter!« forderten. Das Bett war ein sehr großes Bett mit Platz für zwei, und in der Ecke zur Wand hin lag der große Engländer, Jim, der von all diesem Lärm aus einem ohne jeden Zweifel tiefen Schlaf geweckt worden war, und rieb sich die Augen. Er hatte Mühe, sie offen zu halten. Dora interessierte sich in höchstem Maße für das Phänomen der Anwesenheit dieses großen blonden jungen Mannes in Teresas Bett. Sie glaubte nicht, dass er der Mann von Teresa sei, auch nicht der Vater der Zwillinge. Sie legte die Szene in ihrem Kopf zur Seite, um später mit Hilfe ihres Tagebuchs ausführlich darüber nachzudenken.

Als Teresa wieder zu Atem gekommen war, sagte sie zu Jacques und Dora: »Jetzt bleibt doch nicht so blöd da stehen, kommt rein. Was ist los?« Jacques öffnete den Mund, aber es kam kein Ton heraus. Dora erklärte, sie kämen die Zwillinge holen, um zur Lese zu gehen. Ohne das geringste Zögern verließen die Zwillinge daraufhin sofort ihre Mutter, die sie gerade mit Küssen bedeckt hatten, sprangen unter Kriegsgeheul vom Bett und stürzten zur Treppe. Teresa zog ein Spitzennachthemd an. Ein sehr schönes. Joan und Jean waren quasi identisch, und Dora versuchte, versuchte herauszufinden, worin sie unterschiedlich waren, aber schaffte es nie, einen mit Sicherheit vom anderen zu unterscheiden. Sie war nicht die

Einzige. Selbst Camillou, ihr Großvater, mit dem sie fast die ganze Zeit zusammen waren, täuschte sich bisweilen. Teresa, ihre Mutter, nicht. Dora fand das normal. Sie war eben ihre Mutter! Zumindest wenn Teresa sagte: »Joan, lutsch nicht am Daumen«, irrte sie sich nicht im Vornamen. Es sei denn, dachte Dora eines Tages, sie spielten mit ihrer Mutter dasselbe Spiel wie mit allen und nutzten ihr gegenüber ebenfalls ihre Unterschiedslosigkeit. *Es sei denn, dachte Goodman sehr viel später, als er bei Lewis Caroll die Geschichte von Zwiddeldum und Zwiddeldei las, sie wären sich selbst nicht ganz sicher mit ihren Namen gewesen, oder aber, noch seltsamer, nicht ganz sicher, getrennte Identitäten zu haben.*

Merkwürdig war auch das Folgende: Sie ähnelten ihrer Mutter enorm, aber wenn sie beide bei ihr und nicht gerade in beschleunigter Bewegung waren, was selten vorkam, erschien es, als habe das Gesicht des einen (Joan?) eine deutlichere Ähnlichkeit mit der linken Gesichtshälfte Teresas als das des anderen (Jean?), dessen Kopf eher von der rechten Seite geprägt war. Dora dachte daher, dass es ihr auf diese Weise gelänge, sie zu identifizieren. Aber sobald das Trio sich auflöste, schaffte sie es nicht mehr. Sie versuchte, diesen seltsamen Umstand Jacques zu erklären, der nicht zu verstehen schien, was sie sagte. Für ihn war es einfach: Es gab *ein Doppel*, den »Zwilling«, und es war unnötig, sich den Kopf zu zerbrechen beim Versuch herauszufinden, welcher welcher war.

Man hatte es sowieso nie mit dem einen zu tun, ohne es mit dem anderen zu tun zu haben. Sie liefen ebenfalls hinunter und zwar sehr schnell und stiegen in den Karren, der in Richtung Weinberg aufbrach.

Teresa nackt, Teresa nackt. Jim. Teresa nackt, nackt. Jim. Teresa. Teresa

Concepción und Incarnación begleiteten die Expedition, trugen ohne erkennbare Mühe die großen Körbe mit dem Essen für die Weinleser, die seit Tagesanbruch in den Reben waren. Die beiden setzten sich nach vorne, neben Antonio, den Kutscher, der mit ihnen zu flirten begann, ihnen offenbar blumige und leicht gewagte Komplimente machte, die sie mit gespielter Entrüstung aufnahmen. Antonio war ein kleiner Andalusier mit derber Haut und von der Sonne sehr dunklem Teint. Am Ende der Zierallee fuhr man nach rechts hinaus und dann den Berg hinauf. Nach ungefähr einem Kilometer bog der Karren in einen ungepflasterten Weg ein, der ebenfalls, aber steiler, anstieg, und bald kam man an. Jacques, der sich erkundigt hatte, unterrichtete Dora davon, dass der Ort *La Carrière Blanche* heiße, das sei der Oberbegriff dieses Hügels. Zwischen zwei mit Garrigue bewachsenen Bergrücken lagen kleine Weinberge an den Hängen, getrennt durch Mulden, die die Gewitter ausgewaschen hatten, alle nach demselben Modell, mit einem Zugang für Zugpferde, Pflüge, Kiepen und Körbe der Weinleser, eine Art Hauptvene, die vom Kapillarnetz der Weinbergwege abzweigte. Jeder dieser Weinberge war nach seiner Zugehörigkeit zur *Carrière Blanche* benannt. Am Ende des Tages würde der Karren die Bütten mit den gelesenen Trauben einfahren. Sie würden zu Fuß zurückgehen.

Incarnación und Concepción begrüßten das Pferd, indem sie ihm ein oder zwei Möhren hinhielten, die es wohlwollend annahm. Incarnación nahm Doras Hand und ließ sie die Wange des Tiers berühren, die braun und weich war. Dora beschloss, dass sie eines Tages, wenn sie groß wäre, nach dem Krieg, ein Pferd haben würde. Um sie herum standen Bäume, Kirschbäume, Pflaumenbäume, Feigenbäume mit schwarzen Feigen, weißen Feigen und Pfirsichbäume, mit Weinbergpfirsichen, zusammen mit den Feigenbäumen die einzigen, die noch Früchte trugen. Unter einem Feigenbaum, unterhalb des Weinbergs ein Brunnen. Am Brunnenrand Eimer, die man mit dem kühlen Wasser füllte, das mit Hilfe einer Kette emporgeholt wurde. Ein paar Weinflaschen im Kühlen. Schwarzer, schwerer Wein, zu trinken nur am Ende des Tages.

Das Essen der Kinder befand sich in einem zum Schutz gegen die Ameisen mit einem Tuch abgedeckten Korb. Von Zeit zu Zeit verjagte Antonio die Bremsen, die das Pferd belästigten. Neben dem Brunnen auch eine kleine Steinhütte, eine »borie«, in der man Schatten finden konnte. Die Zwillinge spielten mit Dick, dem Hund des Bauernhofs, einem fröhlichen Bretonischen Vorstehhund, immer zu Späßen aufgelegt, der Concepción und Incarnación rasend machte, indem er ihnen die Sandalen wegschnappte, die sie in den Pausen auszogen, um ihre Füße auszuruhen. Sie lachten, beschimpften ihn: »¡Demonio de perro!« Antonio verfolgte ihn, sammelte die Sandalen ein, brachte sie feierlich ihren Besitzerinnen zurück. Zwischen dem Weinberg und dem benachbarten Weinberg ein Mäuerchen, Brombeerranken. Jacques sammelte Brombeeren, aber die Saison war fast vorbei. Sie waren zumeist recht klein, trocken. Die von den Weinlesern und Weinleserinnen mit der Rebenschere abgeschnittenen Trauben kamen in die Bütten, die voll und aufgereiht im Karren transportiert wurden. Dora und Jacques lernten, wie man schneidet.

Später, es war die Mittagsstunde, ein Tag, der noch immer zum Sommer gehörte, ein Tag, an dem der Mond am Himmel stand. Schon allein die Wahl dieser Worte zeigt die sozusagen glühende Atmosphäre, durch derart viel Licht aus dem Stein sublimiert, aus der fast erschöpften Sonne, der staubigen, stummen weißen Mauer der kleinen Hütte aus Trockensteinen. Der Mond verschmolz mit dem Himmel wie eine leichte Wolke. Die Luft rauschte von Insekten, die Heuschrecken flogen von den trockenen Gräsern auf, mit Sprüngen von zwei oder drei Metern. Unter dem vor Hitze überquellenden Himmel die Heuschrecken; die unzähligen Heuschrecken, mit braunen Leibern, wie mit feinem Staub bedeckt, mit roten Flügeln, mit blauen Flügeln. Jacques vergnügte sich damit, sie zu fangen, sie dann wieder freizulassen. Er legte Dora eine in die Hand, ein Finger hielt dabei den Leib des Insekts zurück. Sie spürte die kleinen Krallen und wie die langen Schenkel sich zum noch einen Moment lang verhinderten Sprung stemmten. Sie beugte sich vor, bis sie die Augen fast auf Höhe der ihren hatte, auf Höhe ihrer schweigsamen, unruhigen, wütenden Oberkiefer. Dann zog sie ihren Finger zurück, und das abrupte Lösen ließ die Heuschrecke zehn Meter weit auf das Mäuerchen, die Fenchelpflanzen und noch weiter hinaus schießen; blaue Flügel, rote Flügel.

Dick, der Hund, hatte sich Dora zu Füßen gesetzt, mit heraushängender Zunge, sein gelocktes braunes Fell voll mit »agafarots«, jenen winzigen klebenden Kugeln, die sich zu Hunderten in der Kleidung, im Fell verfangen: Er hatte welche auf dem Bauch, dem Rücken, auf seinen langen, wie Läden über die Augen geklappten Ohren. Dora nahm ihm eine nach der anderen ab, behutsam, um ihm nicht wehzutun. Es war Mittag, der höchste Punkt des Tages, und doch stand der Mond am Himmel. Ein unendlich leichter, blasser, flockiger, dünner Mond. Dora konnte es nicht glauben, dass sie wirklich den Mond sah.

Als habe der Mond sich im Himmel über der *Carrière Blanche* vergessen. Er ging dort nicht mehr weg.

Heuschrecken, blaue, rote. Flügel. Sprünge. Heuschrecken, rote. Sprünge. blaue Flügel. Heuschrecken

KAPITEL DREIZEHN

Von Teresas Ankunft an interessierten die Zwillinge sich nur noch für sie. Sie hingen ihr am Rock, klammerten sich an ihre Beine, jeder an seines, Joan (?) links, Jean (?) rechts, begleiteten sie ins Bad, zur Tür der Toilette, setzten sich bei den Mahlzeiten zu ihrer Rechten und ihrer Linken usw. und spielten überhaupt nicht mehr. Wenn Teresa mit ihnen sprach, begriffen sie offenbar, was sie ihnen sagte, antworteten aber nie. Man hätte meinen können, sie seien stumm. Sofern sie nicht untereinander in ihrer Sprache redeten, die einer echten Sprache ähnelte und die auch wirklich eine artikulierte Sprache war. Man hatte den Eindruck einer Folge von extrem schnellen, unvollständigen Sätzen. Irgendein geheimnisvoller Inhalt wurde aber ganz offensichtlich in diesen Klängen übermittelt, denn eine von Jean (?) geäußerte Aussage fand prompt ihre Entsprechung in einer Geste von Joan (?), in einer gemeinsamen Handlung...

68

Jacques und Dora blieben allein. Ganz Sainte-Lucie gehörte nun ihnen, uneingeschränkt. Sie forschten. Vor allem aber erforschten sie den Verwilderten Park. So entdeckten sie, als sie tiefer in ihn eindrangen als bei ihren bisherigen Unternehmungen, bei denen sie eher in der Nähe des Hauses geblieben waren, zwischen den Eiben und Kiefern das Alte Bassin. Das Alte Bassin war eine in der Welt des Verwilderten Parks enthaltene Welt, aber eine selbständige Unter-Welt, gleichsam noch weiter in der Zeit entfernt als der Park selbst, der bereits älter wirkte als die Wohngebäude. Es war seit sehr langer Zeit ohne Wasser und nicht mehr in der Lage, das Wasser der Gewitter zurückzuhalten, wie es seine ursprüngliche Aufgabe gewesen war. Sein Mauerwerk war geborsten, war Ruine und von brodelnder Vegetation überwuchert. Verantwortlich für diese Zerstörung waren fast ausschließlich die Feigenbäume. Große Feigenbäume auf den Rändern des Bassins. Ein Feigenbaum wuchs sogar auf dem Boden, in einer Ecke. Von den großen Feigenbäumen am Rand des glühenden Bassins fielen die von der Sonne braun gewordenen, sich um ihren Zucker und ihre Sonne zusammenziehenden Feigen, die Pennèques-Feigen des Septembers.

Die Pennèques-Feige ist die Vollendung der Frucht. Die Feige ist eine nicht transportierbare, beinahe nicht vom Baum zu trennende Frucht par excellence. Man kann sie zumeist nur frisch gepflückt essen. *Nichts ist weiter von der wirklichen Frucht entfernt, nichts ist erbärmlicher als eine Schale Feigen, die Naivlingen auf den Pariser Märkten angeboten wird. Zwar kann man noch in Betracht ziehen – und so etwas kommt in der Tat vor –, derart geschmacklose Dinge in den Handel zu bringen. Sie finden sogar unglückliche, nördlich von Montélimar geborene Käufer, die nichts merken. Aber nie hat man irgendwo gesehen, dass* Pennèques*-Feigen verkauft würden. Es handelt sich hierbei wirklich um eine unüberwindliche Eigentümlichkeit, noch unüberwindlicher als die der Brombeere, die mit ihr den Aspekt der Nicht-Rentabilität teilt. Man züchtet und verkauft Zucht-Brombeeren, die keinen Geschmack haben und die vor allem, symbolisch, an Ranken »ohne Dornen« wachsen! Die Brombeere ist wie die* Pennèques*-Feige eine Symbolfrucht des nicht-überlieferbaren Geschmacks der Vergangenheit. Die einzige dem entsprechende Entwicklung der Feige ist im einundzwanzigsten Jahrhundert die Trockenfeige, die – so wie es die Dattel in der uns bekannten Form ist – ein »Herbarisieren« des Geschmacks darstellt: braun wie die Dattel, ebenso weit von der Frucht entfernt wie sie, im Gegensatz zur »weißen« oder schwarzen echten Feige von grau-brauner Farbe, so wie der schwarze Mohn oder die verblasste Kornblume zwischen den Seiten eines Heftes.*

Auf dem Speicher von Sainte-Lucie lagen Feigen, die auf Holzlatten trockneten. Aber das *Pennéquisieren* ist dem Trocknen bei Weitem überlegen, weil es mehr Feuchtigkeit sowie die lebendige Konsistenz der Frucht bewahrt, die noch immer empfindlich ist, durch das Nahen ihrer Zersetzung aber noch empfindlicher wurde. Wie den breiten dunkelgrünen Blättern der Feigenbäume entwichen oder wie aus dem spontanen Generieren von Rissen des Bodens und der Wände des Alten Bassins hervorgegangen, herrschten große grellgrüne, von Hitze und Licht benommene Eidechsen ohne Konkurrenz, nicht einmal erschreckt von der Anwesenheit der beiden Kinder. Die blieben vorsichtig reserviert, standen die Eidechsen doch in dem vielleicht unverdienten Ruf, Verursacher gefährlicher Bisswunden zu sein. Eine von ihnen beobachtete sie. Sie hatte in ihrer Bewegung innegehalten, blieb reglos, beobachtete sie aus ihren kleinen Augen von der Seite. *Fünfzig Jahre später beobachtete sie noch immer Goodman, der jetzt allein war, schüttelte sich ein wenig in ihrer Benommenheit und drang in die Dunkelheit der Mauer oder verschwand nach oben, in Richtung des Dschungels der Dornen, der Gräser und Fenchelpflanzen, von dem sich das Alte Bassin abhob.*

In jedem kleineren Riss, schmale Lippen im Mauerwerk, ein Regiment von kleinen grauen schalkhaften Eidechsen und eine ganze Kohorte von Nattern. An den Rändern der Rissfalten wurden sie, *wurde er*, auch von den kleinen lebendigen grauen Eidechsen beobachtet, mit pochender Kehle, blass, neugierig. Die Nattern schlängelten, zischten, schlängelten, zischten. Kleine Wassernattern, eigentlich viel zu weit entfernt von dem kleinen Fluss. Sie waren grau und streckten ihre winzigen gespaltenen Zungen in Richtung der Kinder aus, um sie einzuschüchtern.

Feigen, Eidechsen, Nattern, Hitze, Licht, Feigen, Nattern, Licht, Eidechsen, Hitze. Feigen

Sie nutzten die absolute Freiheit, die sie genossen, und begaben sich gleich morgens in das, was zu ihrem Territorium geworden war. Sie hatten das Alte Bassin, das geheimste Territorium des Verwilderten Parks, mit einer erdachten Gefahr bevölkert: mit Kobras, einer Familie von Königskobras, den eindrucksvollsten, gefährlichsten aller Kobras. Deren Rolle in dem Abenteuer konnte aufs leichteste von den doch ungefährlichen und sehr scheuen Nattern übernommen werden. Sie hatten sich vom »Dschungelbuch« von Kipling anregen lassen, dabei aber die im schonungslosen Klima der Corbières absolut unvorstellbare Üppigkeit Indiens daraus entfernt. Ihre Drehbücher benötigten weder Boas noch Panther von ungewöhnlichen Ausmaßen, auch keine Affen, die geschwätzigen Bandar-Logs. Dora fand Mowgli, das wilde Kind, lächerlich und albern und hatte Jacques' mowglieske Anwandlungen entschlossen und wirkungsvoll bekämpft. Sie versuchten, auf die Kiefernäste zu klettern, aber ohne großen Erfolg. Sie waren sie selbst, sie spielten die Rolle von Jacques und Dora, die von den Kobras bedroht wurden, allein auf der Welt, ohne Familie, im Alten Bassin.

Aber sie hatten einen Verbündeten, oder eher eine Verbündete, die Todfeindin der Kobras, die Heldin einer ihrer Lieblingserzählungen: Rikki-Tikki-Tavi. Für diese Rolle hatten sie eine große grüne, sehr entschlossen wirkende Eidechse ausgesucht, die mittels einer recht großen Verzerrung »Manguste« getauft worden war. Da sie nicht die geringste Vorstellung vom Aussehen echter Mangusten hatten, erfüllte die Eidechse ihren Zweck perfekt. Sie war häufig da, in einem Riss im Mauerwerk, wärmte sich auf einer Steinplatte des Bodens. Während die anderen Eidechsen flüchteten, sobald sie eintrafen, blieb diese dort, musterte sie, reglos, neugierig, weder ängstlich noch aggressiv. Sie lebten und erzählten das Drama der Kobras, die ihre beiden Mütter bedrohten, zögerten das glückliche Ende hinaus, bis das Übermaß an Sonne und Feigen sie in den Schatten der Eiben oder zu den Trauben verjagte. Jacques sagte dann: »Gehen wir zu Dem Weinberg?« Und sie brachen auf.

Sainte-Lucie musste früher ein weitläufigeres, besser unterhaltenes, reicheres Landgut gewesen sein. Der Verwilderte Park und das Alte Bassin waren sicherlich die Überreste eines »Ziergartens«. Früher hatte wahrscheinlich Wasser das Bassin gefüllt, gespeist durch ein

74

kunstvolles Erfassungssystem von Quell- und Regen-
wasser und Gräben. Die Neigung der Natursteinplatten
auf den Wegen ließ alles Wasser dort ablaufen. Solche
Vorrichtungen gab es früher hier und da in der Provence,
in Katalonien, im Languedoc. Das war vor den wiederholten und vereinten Zerstörungen durch die Entvöl-
kerung des ländlichen Raums, den Tourismus und die
»Zweitwohnsitze«, jenem regelrechten Krebsgeschwür
des Landschaftsgedächtnisses. Es gab auch, von allen anderen durch ihre Topographie getrennt, einen Weinberg
von bescheidenen Ausmaßen. Er lag zwischen dem hinteren Teil des Hauses, dem Park und einem kleinen Kie-
fernwäldchen und war vollständig mit Trauben hervor-
bringenden Rebstöcken bepflanzt. Keine gewöhnlichen
Trauben, Rebsorten, die gewöhnlichem Wein vorbehalten waren. Nein, in dem kleinen verborgenen Weinberg
gab es nur edle Trauben, die, wie der übliche Ausdruck
lautete, für die Tafel gehalten wurden.

Das wurde für sie »<u>Der Weinberg</u>«. Mit einer Beto-
nung des Artikels. »Gehen wir zu <u>DEM Weinberg</u>.« Er
bot, in Wirklichkeit zusammen mit den Feigenbäumen,
Nahrung. Er trug zu einer recht nützlichen Ergänzung
der spartanischen, armen, wenig abwechslungsreichen
Ernährung bei. Trauben und Feigen wurden zu ihrem
Zucker, zu einem großen Teil ihrer Vitamine. Diese
halfen dem durch unzureichende »Rationen«, zu selte-
nes Geflügel, fast vollständige Abwesenheit von Fleisch,

75

wenig Brot bewirkten ständigen Hunger ab. Wie Spatzen, wie Drosseln nach der Lese tauchten sie mit dem Gesicht unter die Blätter, um die Trauben zu sammeln oder direkt hineinzubeißen. Sie streckten ihre bloßen, erdfarbenen Beine auf der trockenen, verbrannten Erde der Furchen zwischen den Reben aus und aßen, bis sie keinen Durst mehr hatten, aßen bis zur Trunkenheit die warmen, zuckersüßen, likörartigen schweren Trauben. Dreieck der Traubenfarben: Muskateller. Schwarze Muskateller, weiße Muskateller, gelbrote »Aramons«; weiße, fast grüne »Olivettes« mit aufreizendem, aufdringlichem Geschmack.

Neue Spiele: Die Traube abbeeren, alle Beeren einer schweren Traube in die Hände nehmen, sie aneinander reiben, um den Staub zu entfernen, sie zum Glänzen, Schimmern bringen, zu Murmeln machen. Die Beeren sorgfältig eine nach der anderen häuten, sie mit den Zähnen entkernen, ohne die Beschaffenheit der Traube zu zerstören, die Kerne ausspucken, den Saft über die Zunge rinnen lassen, mit fiebriger Langsamkeit, mit der Langsamkeit eines Wüstentieres, einer Wüstenspringmaus, das Fleisch essen, aber die Haut einer jeden Beere in einem Winkel des Mundes, in der Backe, bewahren, wie es die Hamster tun. Zehn, zwanzig, fünfzig Traubenbeerenhäute aufbewahren; dem Verlangen, dem Bedürfnis, sie zu essen, widerstehen; dann sie auf einmal hinunterschlucken. Endlich. Die Traubenorgie mit sehr

warmen, sehr süßen Beeren im schattenlosen Weinberg
unter der beharrlichen Sonne machte sie trunken. Sie
waren trunken wie Drosseln. Sie lachten, taumelten, warfen sich Trauben zu, verschleuderten den Fruchtschatz,
der glücklicherweise unerschöpflich war, denn niemand
kam in <u>DEN Weinberg</u>. Sie waren dort immer allein, als
sei selbst seine Existenz vergessen worden.

Trauben, Tomaten, Feigen. Mitternacht, Mittag, Trauben, Feigen.
Mittag, Tomaten. Mitternacht, Trauben

KAPITEL FÜNFZEHN

Dora kletterte auf eine Mauer des Bassins und bediente sich dabei der ein wenig freiliegenden Steine. Sie wollte einen Pinienzapfen erwischen, der auf halber Höhe steckte. Sie rutschte, löste beim Fallen einen dicken Stein, ihr Rock blieb an einer Brombeerranke hängen. Ein deutliches Reißen war zu hören. Sie hatte sich das Knie aufgeschürft, es blutete ein wenig, brannte ein wenig. »Du wirst überleben«, sagte Jacques. Es brannte, aber sie weinte nicht. Ihr Rock machte ihr mehr Sorgen als das Knie. Sie setzte sich auf eine breite, glühend heiße Steinplatte, auf die von den breiten Blättern eines Feigenbaumes geschützte Ecke des Steins. Sie zog den Rock aus, saß im Schlüpfer da. Der Riss war deutlich, aber nicht irreparabel. Sie würde ihn stopfen. Das hatte sie gelernt. Sicher gab es alles Nötige im Haus, um etwas zu stopfen.

Jacques stand da und sah ihr zu. Und er sagte: »Zieh dich ganz nackig aus.« »Was?« »Zieh dich ganz nackig

aus!« »Bist du verrückt?« Er wiederholte wieder: »Zieh
dich ganz nackig aus.« Dora legte ihren Rock auf die
Erde und ging mit sich zu Rate. All das war Teresas
Schuld. Man läuft nicht nackt vor Jungen herum. Er
schickte sich an, seinen Befehl zu wiederholen. Dora
wollte sich nicht aufregen. Kein Streit. Das wäre zu blöd.
Er schien stur bleiben zu wollen. Sie zögerte. »Einver-
standen, aber du dann auch. Ich ziehe mich nicht aus,
wenn du es nicht auch tust.« Das hatte er nicht erwar-
tet. Dora lachte: »Hast du Angst?« Schweigen. »Es gibt
keinen Grund, dass ich mich ganz nackig ausziehe und
du nicht.« Jacques zögerte spürbar. Dann fügte er sich.
Dora fragte ihn: »Was ist das?« Neulich, als sie alle drei,
die Zwillinge und er, pinkelten, hatte sie nicht richtig
gesehen. Dora musterte, sachlich. Sie fand das Dings
eher lächerlich. »Das ist mein Trugudu.« »Und wozu
dient das?« »Zum Pinkeln.« Was klar ist, ist klar. »Du
hast keinen.« »Nein, das siehst du doch, Idiot. Aber ich
habe eine Pullerlotte.« »Wo?« »Da.« Jacques näherte
sich. Dora spreizte, um zu zeigen. »Das ist ganz klein.«
»Ja, aber das ist nicht so blöd wie dein Trugudu.« »Darf
ich anfassen?« »Nein. Das gehört mir.« »Du hast da
keine Haare.« »Du auch nicht. Wenn ich groß bin, hab
ich welche. Aber ich werd mich nicht vor Jungs nackig
ausziehen.« »Aber bist du nicht jetzt gerade ganz nackig?« »Ja, aber du bist mein Freund. Und außerdem
reicht es jetzt.«

Sie zog ihren Schlüpfer wieder an. Er wirkte vage enttäuscht. Sie redeten nicht mehr von Pullerlotte, auch nicht von Trugudu, weder an diesem noch an einem anderen Tag. Dora zog ihren Rock wieder an. Der Riss war auf der Seite, aber glücklicherweise sah man ihren Schlüpfer nicht. Ihr Knie tat weh. Sie verzog das Gesicht. »Wir sollten reingehen. Wasserstoffperoxid drauftun, um es sauberzumachen.« Ein paar Steinchen hatten sich ins offene Fleisch gedrückt. Aber Dora wollte das Spiel nicht unterbrechen. Sie wollte nichts von den Tagen verlieren. Jeden Tag konnte das Signal kommen, der Aufbruch, das Gebirge, Spanien, das Unbekannte. Wann würde sie ihre Mutter wiedersehen? Sie ging zum Mauerwinkel und suchte einen Stein, um die Pinienkerne zu knacken. Der Pinienzapfen, den sie hatte erwischen wollen, war mit ihr heruntergefallen. Ein paar Pinienkerne würden ihnen gut tun. Wenn sie bei weiteren Besuchen im Park weitere Pinienzapfen fänden, könnten sie einen Teller voll mit Pinienkernen bereiten und ihn Camillou schenken, zu essen mit Honig.

Der Feigenbaum im Mauerwinkel warf seinen Schatten auf eine Öffnung, die sie bis dahin nicht wahrgenommen hatten. Wenn man einen Stein wegzog, schien sie sehr viel breiter. »Gehen wir?« Sie zögerten nicht lange. Jacques ging als Erster hindurch, Dora machte ihm dieses Jungenprivileg nicht streitig. Ein wenig Tageslicht drang hinein, ließ einen geräumigen gemauerten Tunnel erkennen, in gutem Zustand, der sich nach und nach im Dämmerlicht verlor. Er verlief in Richtung der ansteigenden Straße, die nicht weit weg war. Trotz der Bäume und des dichten Gestrüpps hörte man bisweilen einen Wagen vorbeifahren, einen Karren, Stimmen. Sie hatten kaum darauf geachtet. Aufgeregt, ängstlich, mit Herzklopfen schritten sie voran. Abenteuer. Jacques benahm sich wie ein Mohikaner. Dora war glücklich. Sie gingen bis zum Ende, schwach erhellt, aber doch noch erhellt von dem Licht, das vom Bassin kam. Der Tunnel hörte auf. Sie waren am Grund von einer Art rechteckigem Brunnen. Oben, drei oder vier Meter höher, sah man ein wenig Tageslicht durch von Geäst bedecktes Glas. Wegen des Glases, das abdeckte, war der Brunnen trocken, der Regen fand keinen Einlass. Eine Metallleiter. Zu zweit gelang es ihnen, den Brunnendeckel hochzuheben und hinauszuklettern. Die Öffnung befand sich ziemlich nahe der Straße, von ihr durch die Mauer des Landguts getrennt. Die Mauer war nicht sehr hoch und man konnte recht leicht auf die andere Seite sehen. Herrlich. Ein geheimer Gang.

Als sie zum Bassin zurückgingen, entdeckten sie nicht weit vom Eingang des Tunnels eine Art Kammer, klein, bequem. »Hierhin ziehen wir uns zurück«, sagte Dora. »Wozu?« »Um zu spielen, um zu schreiben. Ich bringe mein Tagebuch her. Wir hinterlassen Nachrichten für die Leute, später.« Das war eine gute Idee. Am Abend

reinigte Incarnación Doras Knie. Das Wasserstoffperoxid brannte, aber sie weinte nicht. Nach ein paar Tagen juckte es, die Haut war leicht rosa. Den Rock stopfte
Dora selbst, so gut sie konnte.

*Dora nackt. Auch Jacques? allein Dora. Jacques? nackt allein,
auch Dora*

KAPITEL SECHZEHN

Dora vergötterte Camillou. Jeden Morgen suchte sie ihn im Haus, um ihm Guten Morgen zu wünschen, und wenn sie ihn fand, gab sie ihm einen Kuss. Sie gab ihm auch vor dem Schlafengehen einen Kuss. Zwischen ihnen kam es nicht zu viel mehr Austausch, aber das genügte ihr. Sie hätte ihn gern zum Großvater gehabt. Ihre eigenen Großeltern waren weit weg, in Amerika.

Eines Abends begannen Camillou, Vlad, Jim und Teresa beim Abendessen von Spanien zu sprechen, dem Bürgerkrieg, dem gegenwärtigen Krieg. Eine gewaltige Schlacht hatte begonnen, in der Sowjetunion. Die deutschen Armeen, die auf den Kaukasus zumarschierten, um sich des Erdöls von Baku zu bemächtigen, waren in einem Wolgabogen bei Stalingrad blockiert. Der Kampf war unerbittlich. Radio Vichy sprach vom unaufhörlich sich nähernden Sieg der Divisionen von Paulus, aber es war immer derselbe Bericht. Es war offensichtlich, dass sie nicht oder nicht mehr vorankamen. Radio London verherrlichte auf Englisch oder Französisch den heldenhaften Widerstand der Sowjets.

Jacques und Dora waren nach dem Abendessen sitzen geblieben. Sie hörten zu. Man hatte sie nicht Schlafen geschickt. Jim, der Engländer, sprach recht gut Französisch, Vlad sprach nicht Englisch. Das Gespräch fand also auf Französisch statt, mit ein paar katalanischen Bemerkungen zwischen Vater und Tochter. Jim wusste nicht viel von dem, was in Spanien geschehen war. Er war dreiundzwanzig. Er war sicherlich mit dem Fallschirm aus einem Flugzeug der Royal Air Force gesprungen und für eine Aufgabe hier, die Dora und Jacques nicht erraten konnten. Für ihn gehörte Franco zu den Neutralen. Wie hätte man sonst darauf kommen können, Kinder durch dieses Land in Richtung Portugal oder England zu schicken, wenn Franco ein Verbündeter von Hitler war? Camillou erklärte. Er erklärte den Krieg, erklärte, dass Franco auf Seiten Mussolinis und Hitlers stehe, die ihm geholfen hatten, die Republik zu besiegen. Und jetzt gerade stürze er sich in einen heftigen Angriff gegen die Regierungen Englands und Frankreichs, die nichts getan hätten, um das republikanische Spanien zu retten. Ihre Verantwortung sei enorm.

Sie hätten sich mit Hitler einigen wollen. Ja, euer Premierminister wollte sich mit Hitler einigen. Ohne Churchill hätte England seine, »wie sagt ihr – *appeasement*? – «, Politik fortgeführt. Als ob man die Nazis

»besänftigen« könne. Er war wütend. Dora, die ihn noch nie zornig gesehen hatte, die ihn nie anders hatte reden hören als behutsam, ruhig, war fasziniert. Teresa erklärte, dass Camillou sein ganzes oder annähernd ganzes Vermögen für die Bewaffnung der republikanischen Truppen ausgegeben habe. Er wollte auch Kampfflugzeuge schenken, die in der Lage wären, gegen die Stukas und Messerschmitts zu kämpfen, jene Flugzeuge, die dadurch berühmt geworden waren, dass sie die Zivilbevölkerung beschossen, und die für das Massaker von Guernica verantwortlich waren. Aber er war auf hartnäckige Ablehnung gestoßen. Wegen der berühmten Nichteinmischungs-Doktrin. Camillou war nach Paris gefahren, er hatte Léon Blum getroffen, den Premierminister der Volksfront, einen Sozialisten, und Léon Blum hatte ihm mit einem Schluchzen in der Stimme erklärt, nein, das könne er nicht, er habe sein Wort gegeben, er könne es nicht einmal heimlich zulassen. Camillou erstickte fast vor Wut. »Ich habe ihn gesehen, Jim, ich habe ihn gesehen, den Feigling. Das soll ein Sozialist sein?«

Dora begriff nicht alles, was gesagt wurde, aber sie spürte Camillous Erregung. Ihr Herz schlug für ihn. Jacques hörte zu, die Ellbogen auf dem Tisch. Das Gespräch kam wieder auf die Zukunft, auf das »Danach«. Jim war optimistisch. Sie würden siegen. Jetzt, wo Roosevelt die USA auf die gute Seite gebracht habe, habe Hitler nicht die geringste Chance mehr. Er habe uns nicht einmal schlagen können, als wir als einzige Widerstand leisteten. Und er habe noch immer nicht die Russen geschlagen, nicht wahr? In Stalingrad schien es gar nicht so gut für ihn auszusehen, nicht wahr? Camillou war von der antifaschistischen Leidenschaft der USA nicht so überzeugt. Sie hätten doch einige Zeit gebraucht, sich zu entscheiden. Und warum hätten sie Pétain weiter anerkannt? Jim fuhr fort: Wenn Franco neutral sei, dann deshalb, weil er des deutschen Sieges nicht so sicher sei. Und wenn wir über Hitler gesiegt haben werden, sagte Jim, kümmern wir uns um ihn. Vlad, der praktisch nie etwas sagte, der vollständig in einer anderen Welt schien, in Gedanken immer im Zwiegespräch mit seinem Klavier, sagte daraufhin etwas zu Jim, was Jacques nicht vergaß: »Wenn ihr verliert, wird er in der Weltordnung, die uns die Nazis prophezeien, aufblühen. Wenn ihr gewinnt, wird er davonkommen.« Camillou, Teresa, Jim schrien laut auf: »Man wird ihn verjagen, das ist sicher. Er wird keine acht Tage durchhalten.« Aber Vlad hatte Recht. Franco starb dreißig Jahre nach der Kapitulation des Dritten Reichs in seinem Bett. Und er zeigte sich als eifriger Verbündeter der USA im Kalten Krieg.

Während Dora versuchte, nach der Aufregung des Abends Schlaf zu finden, beobachtete sie beim Licht der kleinen Lampe auf ihrem Nachttisch, wie die Spinne sich bewegte. Diese Spinne machte ihr keine Angst. Und sie war ihr vertraut geworden, fast eine Freundin,

86

seitdem sie sie eines Morgens, als sie die Augen geöffnet hatte, an ihrem Faden hatte von der Decke kommen und in ihrem Glas hatte Wasser trinken sehen. Seitdem stellte sie immer eine Untertasse voll Wasser für sie auf das Fensterbrett.

Spanien! Spanien! Spanien! Spanien! Spanien! Spanien! Spanien! Spanien! Spanien! Spanien! Spanien!

KAPITEL SIEBZEHN

Am Vorabend des Gewitters reiste Teresa ab. Sie brachte die Zwillinge zu ihrem Vater zurück. Der Schulbeginn rückte näher, und sie mussten in die erste Klasse der Grundschule. Sie begleitete ihre Mutter in eine Klinik in Toulouse zu einer Behandlung, die nicht genauer benannt wurde. Oder aber Dora hörte den Erklärungen beim Mittagessen nicht zu. Clémentine war für sie ein Gespenst geblieben, das sie nur einmal in ihrem Zimmer gesehen hatte, wo die Fensterläden immer geschlossen waren und sie abgespannt und anfällig in ihrem Bett eine Tasse Tee trank. Dora kannte ihre eigenen Großmütter beide nicht. Die eine war schon immer tot, die andere in Amerika, und sie hatte nur flüchtige, sich auflösende Erinnerungen an sie. Camillou missbilligte, dass man die Zwillinge in eine Schule sperrte. Infolge des Unterrichts, den Clémentine ihnen erteilt hatte, konnten sie bereits lesen und schreiben, aber sie waren frei und ungestüm und würden sich niemals der seiner Ansicht nach blödsinnigen Disziplin der Lehrer unterwerfen. Aber Teresa wollte nicht, dass sie in Sainte-Lucie blieben. Zu gefährlich. Und wer war schuld? Und sie?, hatte Camillou erwidert und auf Dora gezeigt, auf Jacques gezeigt. Teresa konnte nichts dafür.

Im Augenblick des Aufbruchs, als sie mit dem Gepäck in den Holzvergaserwagen steigen sollten, stürzten die Zwillinge, die nie den Anschein erweckt hatten, Doras Existenz wahrzunehmen, sich auf sie und bedeckten sie mit Küssen. Der Wagen brauchte eine Zeitlang, um anzuspringen, fuhr an, entfernte sich rumpelnd die breite Allee entlang, verschwand. Sie waren fast allein in dem großen Haus, jedenfalls auf dieser Seite. Der zweite Stock und der Speicher gehörte ihnen jetzt vollständig. Im ersten Stock waren nur noch Jim und Vlad. Vlad verbrachte seine Tage am Klavier und trank Tee, Jim saß in einem Sessel, hörte ihm zu und rauchte dabei »Pall Mall«. Er sprach das »pêle-mêle« aus oder so ähnlich, »wild durcheinander«. Er hatte einen Vorrat dieser Zigaretten mitgebracht, und, so sparsam er auch sein mochte, es würde bald keine mehr geben.

Was die Tage betraf, so waren es eher die Nachmittage und ein Gutteil der Nächte, die sie diesen Raum nutzten. Sie kamen kaum vor Mittag aus ihren Zimmern herunter. Abends diskutierten sie mit Camillou, während sie aus kleinen Gläsern tranken. Camillou trank nicht. Vlad hatte ihn gefragt, ob es nicht irgendeinen Schnaps in einem Wandschrank gebe. Schließlich machte er eine verstaubte Flasche ausfindig, aus der er seinen Gästen reichlich in zwei Gläser einschenkte. Jim nahm seines, tauchte die Lippen ein und stellte es sofort wieder hin. Es war reiner Alkohol. Vlad leerte seines, ohne mit der Wimper zu zucken. Es war kaum stärker als Wodka.

Auf dem Speicher stöberte Dora zwei Fahrräder auf. Sie waren ein bisschen zu klein, und beide waren Jungenräder, aber sie brachten sie herunter, pumpten sie auf und begannen, in der großen Allee Runden zu drehen. Sie fuhren bis zur Landstraße und kamen zurück. Wegen eines spitzen Steins platzte Doras Vorderreifen. Camillou zeigte ihnen, wie man repariert, eine Schüssel Wasser nehmen, den Schlauch eintauchen, um das Loch zu finden, mit der Feile aufrauen, einen Gummiflicken aufsetzen. Sie beschlossen, am nächsten Tag aufzubrechen, um die Umgebung zu erforschen. Der nächste Tag war der Tag des Gewitters. Schon am Morgen herrschte heftiger Wind. Der Himmel überzog sich mit dicken, kräftigen, immer dunkleren Wolken. Blitze zuckten, es donnerte. Am Fenster in Jacques' Zimmer beobachteten sie die Blitze, lauschten dem mehr oder weniger heftigen Donner. Jacques erklärte Dora, wie man die Entfernung berechnet: Das Licht kommt sofort. Der Schall ist weniger schnell. Er bewegt sich mit dreihundert Metern pro Sekunde. Man zählt die Zeit, die den Blitz vom Donnerschlag trennt. Das Gewitter näherte sich: drei Kilometer, dann zwei, dann einer. Ein gewaltiger Lärm. Der Blitz schlug links ein, sehr nah. Es war sehr dunkel geworden. Das Gewitter war über dem Haus, zog weiter. Regen begann zu fallen, schwere, immer schnellere Tropfen. Die Bäume des Verwilderten Parks schüttelten ihre Kronen im Wind, wurden seitlich vom Schauer, von der Sintflut angegriffen. Die Nase an die Scheibe gedrückt, beobachteten die beiden Kinder stumm, wie der Wolkenbruch aus der Terrasse einen Tümpel machte. Der Himmel existierte nicht mehr. Über den Bäumen lag eine niedrige, graue Masse wie eine Decke.

Sobald die ersten Blitze über den Himmel gezuckt waren, hatten Concepción und Incarnación einen Rundgang durch alle Räume gemacht und die Fenster, die Fensterläden geschlossen. Nach einer Stunde ließ der Regen nach. Der Donner war in der Ferne verschwunden. Die Wolken folgten ihm. Der Himmel kehrte allmählich zurück. Es gab ein Stückchen Blau. Der Regen zögerte, warf noch den ein oder anderen Schwung Tropfen, hörte auf. Der Wind ebenfalls. Sie gingen hinunter, öffneten die Tür. Barfuß liefen sie im lauwarmen Wasser bis zum Park. Die Eiben waren klatschnass, an der Nase jeder roten Frucht hing ein Wassertropfen. Die Tannen und bläulichen Zedern schüttelten sich und machten sie nass. Der Himmel klarte auf, in intensivem Blau, mit siegreicher Sonne. Sie waren ins Haus zurückgegangen, um ihre Sandalen zu holen, und liefen bis zum

<u>Alten Bassin</u>. Auf dem Boden standen gut zehn Zentimeter Wasser, aber es verschwand bereits durch die Risse, die trockene, durstige Erde schluckte es gierig. Das Wasser war zu keinem Zeitpunkt bis zum Eingang des Tunnels hinter dem Feigenbaum gestiegen. Im Inneren war alles trocken geblieben.

Blitz

Doch am nächsten Tag war das schöne Wetter nicht zurückgekehrt. Der Himmel war grau, unwirtlich. Leichter, feiner, unangenehmer Regen fiel. Da sie nicht hinauskonnten, da sie auf ihre vorgesehenen Fahrradausflüge verzichtet hatten, gingen sie in das große Wohnzimmer im Erdgeschoss hinunter. Dort stand das Klavier. Vlad spielte. Jacques hatte nie Klavier gespielt, und Dora mochte lieber Flöte. Sie hatte Vlad häufig spielen hören, das war keine Überraschung für sie. Aber Jacques hörte zu, hörte zu. In diesen Augenblicken, allein in diesen Augenblicken, wurde Vlad lebendig. Mit seinem langen wilden Haar, das fast bis zu seinen Fingern hinunterreichte, spielte er mit unendlich viel Seele Seiten um Seiten der »Nocturnes« von Chopin.

Später in seinem Leben mochte Goodman diese Musik ziemlich, aber bei genauerer Überlegung spürte er, dass die überromantische Interpretation, die aus dieser blassen Stirn, diesem Haar und diesen Fingern in das unglückliche und überdies ziemlich schlecht gestimmte Klavier von Sainte-Lucie floss, nur sehr wenig in ästhetischer Übereinstimmung mit dem stand, der er geworden war. Sein erwachsenes Ohr, das von seinem Paten, Onkel Guy, ausgebildet worden war, zog inzwischen ganz deutlich eine nüchterne Ausführung vor. Übrigens mochte er unterdessen Cembalomusik mehr als für Klavier komponierte.

Nachdem Jacques' Überraschung nachgelassen hatte, fand er Vlad schließlich komisch. Eine durch besondere Umstände begünstigte Reaktion. Da Camillou sah, dass die Kinder ein wenig unbeschäftigt waren und sich langweilten, weil sie nicht wie gewöhnlich nach draußen konnten, öffnete er ihnen seine Bibliothek. Die Bücher dort waren größtenteils auf Spanisch. Aber es gab auch französische Bücher, unter denen sie ohne Einschränkung wählen konnten. Die Zusammenstellung war eher zufällig. Keinerlei Ordnungsprinzip war erkennbar. Als sie die Bücher ein wenig aufs Geratewohl herauszogen, wurde ihre Aufmerksamkeit zunächst auf – <u>Joseph Héliodore Sagesse Vertu Garcin de Tassy (1799–1878) Rudiments de Langue Hindouique</u> gelenkt, *der vollständige Titel wurde sehr viel später von Goodman identifiziert, als er dessen Spur in seiner Erinnerung wiederfand.* Sie hielten sich nicht lange dabei auf. Auch nicht bei einem Buch der Zeitgeschichte auf Italienisch, in dem sie, mit einer gewissen Belustigung, lasen: <u>Mussolini a siempre ragione</u>, und dann die stolze Erklärung: <u>A qui la Corsica? A noi. A qui Nizza? A noi</u>... »Die Italiener sagen für ›Jacques‹

94

›Giacopo‹.« »Woher weißt du das?« »Das hat mir meine
Mutter gesagt.« Aber sie machten auch Bekanntschaft
mit dem großen »Don Quichotte«, illustriert von Gus-
tave Doré.

*Es ist Goodman später nicht entgangen, dass dieser zugleich
Dickenssche wie Dostojewskische Held eine sichere Verwandtschaft mit Camille B. hatte, dem »Camillou«, oder dass Camille
B. über eine »don-quichotteske« Komponente verfügte, weniger,
weil er sich im »struggle for life« nach der Befreiung, nach
allem, was er mit leicht genervter Rührung von ihm hörte
(das wird man zum Ende dieses Buches hin sehen), nicht »zu
helfen« wusste, sondern weil er nicht aufhörte, aus Liebe zum
Menschengeschlecht, der fragwürdigen »Dulcinea«, Riesen und
Windmühlen dieser Welt zu attackieren (die Mühlenriesen, die
der Held attackiert, sind vollkommen real, im Gegensatz zu
dem, was die gewöhnliche, zu schnelle Lektüre des »Don Quichotte« glauben machen könnte: »the joke«, wie man auf englisch
sagt, »is on us«).*

Die Lektüre des »Don Quichotte« in diesem Kontext
war also sozusagen Pflicht. Aber sie wählten auch zwei
weitere Bücher, so unterschiedlich voneinander wie nur
möglich, zu denen der Ort, an dem sie sich befanden,
perfekt passte. Das erste war das, welches Dora im Büro
der M. gesehen hatte, wo sie die Nacht zu Beginn der
vorliegenden Geschichte verbracht hatte, und dessen
Lektüre sie auf diese Weise wieder aufnehmen konnte.
Die »Erzählungen« von Edgar Poe in der Übersetzung

von Baudelaire. Die Umstände der Lektüre sind Teil der Lektüre: ebenso das konkrete Buch wie sein Äußeres, sein Format, sein Gewicht, seine Typographie wie auch der reale Raum, in dem wir es gelesen haben: ein Zug, ein Bett, eine Wiese. Das ist das Buch, das Werk für uns. Ebenso sehr wie die genauen Buchstaben seines Textes, die durch erneutes Aufschlagen überprüfbar sind (und dann nicht immer in Übereinstimmung zu bringen sind mit unserer Erinnerung!), ist es das, was wir davon behalten haben (wozu die »Umstände« gehören). Ebenso wie die feste Reglosigkeit seiner Wörter auf den Seiten ist es die Bewegung unserer Augen über seine Zeilen, die unterschiedliche Intensität unseres Blickes. Aber im Gegenzug »färben« die Bücher, die wir gelesen haben, auf mindestens ebenso starke Weise die Orte und Umstände, an und unter denen wir sie aufgeschlagen haben. Das ist der Grund, weshalb die makabren Phantasien des »Falls des Hauses Usher«, da man sich im mediterranen Sommer befand, zum Beispiel aus dem großen Wohnzimmer von Sainte-Lucie für sie keinen »gotischen« Ort machten. Trotz des romantischen Überschwangs Chopins, den Vlad in ihre Ohren entlud, war das durch die zweite Lektüre hervorgerufene Lachen stärker. Sie schlugen »Drei Mann in einem Boot« von Jerome K. Jerome auf und begeisterten sich, allein in dem großen morgendlichen, lauen, geschützten und leeren Raum, für Sätze, die sie danach mit Begeisterung wiederholten:

»Ich habe noch nie zwei Männer so viele Dinge mit einem Pfund Butter tun sehen«, oder auch »Ich hatte nicht den serösen Gelenkerguss«, »Warum hatte nicht ich den serösen Gelenkerguss?«, und sie lachten.

Vlad spielt doch; liest Vlad? doch Dora liest. spielt Dora? Vlad?

KAPITEL NEUNZEHN

Die Jahre '40–'45 waren gesegnete Jahre für das Fahrrad. Die Landstraßen waren fast frei von Autos. Die Technik war eher rudimentär, Gangschaltungen zum Beispiel waren den Rädern unbekannt. Und reden wir nicht von der Schmiere an den Händen. Und reden wir nicht vom Gewicht! Heute kann jedermann ein Fahrrad steuern, das kaum schwerer ist als eine Schachtel Zigaretten und sich, so scheint es, durch einen einfachen Schubs mit dem Finger in Bewegung setzt und fast ohne die geringste Beteiligung der Muskeln fährt. Der Sattel dieses Jungenfahrrades hatte eine ausgeprägte Neigung, in Doras bloßen Hintern einzuschneiden, aber sie zeigte sich stoisch, trat munter in die Pedale, ließ sich nicht allzu sehr von Jacques abhängen. Ihre Ehre stand auf dem Spiel.

In der Umgebung von Sainte-Lucie gab es ein paar furchterregende Steigungen. Ein Dorf, dessen Name gleichzeitig die Farbe Rot und das Brennen in sich trug, erreichte man über eine mit zwei »Steigungspfeilen« auf der von Camillou geliehenen Michelin-Karte markierte Strecke. Man begann mit einem ersten, nicht allzu harten Anstieg. Dann folgte eine verdeckte Senke. Als nächsten Gang gab es eine Kurve und einen zweiten, noch härteren Steigungsabschnitt, gefolgt von einer neuen verdeckten Senke, diese jedoch sehr kurz. Schließlich kam die anstelle des Desserts präsentierte Hauptspeise, eine Abfahrt, die eindeutig steil und lang war. Jacques hatte im ersten kleinen Drittel ein paar Längen Vorsprung gewonnen, hatte diesen Vorsprung bereits im zweiten, dem längsten Drittel verloren. Jetzt war er ganz rot und erklomm die Steigung im Wiegetritt. Dora hatte bis dahin sehr gelitten, fühlte sich aber plötzlich leicht. Sie beschleunigte, überholte ihn und kam als Erste am Gipfel an. Sie saßen oben auf dem Pass ein Stückchen hinter den letzten Häusern des Dorfes, das zu dieser mittäglichen Stunde vollständig verlassen wirkte, und schöpften wieder Atem, die Fahrräder auf den Asphalt gelegt. Da der Asphalt fast schmolz, hoben sie sie auf und lehnten sie gegen ein Mäuerchen. »Auf Ehrenwort«, sagte Jacques als guter Verlierer und stolz, dass er darauf gekommen war, diesen für die Sprache der Kenner typischen Ausdruck zu gebrauchen, »auf Ehrenwort, du kletterst wie eine Ziege!«

Bevor sie wieder hinabfuhren, erklommen sie eine kleine Anhöhe, um zu sehen, was »danach« komme, hinter dem Pass. Der Himmel, der sich erneut zugezogen hatte, in der Ebene tief hing, ohne aber mit Gewitter zu drohen, war auf der Höhe wolkenlos. Das Dorf lag unter ihnen: ein paar Häuser; überall Lehm; roter Lehm; reines Rot, echte Farbe; ein paar Häuser entlang der Landstraße, am abrupten Abhang. Villerouge, <u>Villerouge-la-Crémade</u>, die »Verbrannte«. Da oben entdeckte der Blick plötzlich Kilometer von Weite und in der am weitesten entfernten dieser Weiten etwas sich bewegendes Blaues.

Was war das? Es war das Meer. Kein Zweifel, das Meer. Das Mittelmeer. Wie ein blauer Schaum glitzerte es weit entfernt in der immateriellen, wiedergefundenen, beständigen Sonne. Das unerreichbare, aber für später, »nach dem Krieg«, erhoffte Meer. Sie sahen nur einen schmalen Tropfen Meer, einen sich bewegenden, kleinen, schaumbedeckten blauen Tropfen. Es war kaum eine glitzernde Unterbrechung im Ozean des Horizonts, dem Himmelsozean, fast nicht wahrzunehmen zwischen den Felsen und Hügeln, die bis in die ferne Verschwommenheit, die die Luft, die zu klare Luft, die Dunstsonne bewirkten, übereinanderstürzten. Zukunft und Frieden waren so.

Im Rausch der Abfahrt verschaffte Jacques sich Genugtuung. Dora hatte Angst. Sie bremste, bremste wie eine Verrückte, blieb in der Kurve fast stehen. Er erwartete sie unten, nachlässig an den Rahmen seines Fahrrades gelehnt, stand da in der Positur eines

Vorkriegs-Tour-de-France-Siegers, eines Antonin Magne, eines Lapébie. Strahlend. Bevor sie den Heimweg antraten, machten sie einen »touristischen« Abstecher: Zur Abbaye de Fontfroide. Oase tatsächlicher Kühle, mindestens ebenso sehr jedoch durch den Namen hervorgerufen, durch den Ruf des Wassers in »Font«, was im Provenzalischen »Brunnen« bedeutet, wie durch die offerierte Erlösung von der Gluthitze, die »Froide« verspricht, kein »Koffer«-Wort, sondern ein Wort der Verschmelzung, *FontFroide*. Brunnen der Stille im betäubenden Lärm der Feldheuschrecken, der bremsenquietschenden Fahrradreifen auf dem kurvigen, abschüssigen, staubigen Weg, im staubigen, geräuschvollen Endseptemberlicht. Unsichtbare mittelalterliche Schatten, rechteckig umherwandelnd. Stille Schatten, geschützt vom Stein, vom Schatz des den Frieden nährenden Wassers, vom tugendhaften, die stumme Kontemplation der Klausner schützenden Stein. Und die gesamten Mauern des inneren Vierecks, des geometrischen, dem langsamen, jahrhundertealten, meditativen Umhergehen vorbehaltenen Raumes, waren von Glyzinien bedeckt; ein unwahrscheinlicher, intensiver Duft strahlte von ihren großen blauen Trauben aus; nicht das Blau des Meeres wie in ihrer zweiten Vision, ein helleres Blau; auch nicht das leicht violette Blau der Iris, sondern ein lockiges, leichtes Blau, so kalt wie aus einer Brunnenöffnung schäumendes Wasser. Ein Duft wie erfüllt von dem Zucker, der im sich wandelnden Namen der Pflanze eingeschlossen ist, die sich über die Mauern zog, die sich zum Kleid der Mauern machte, mit den Trauben einer Blütenrebe: Glyzinie.

Meer. Hitze, kühle Mauern, Wasser. Frieden. Meer, kühle Mauern, Frieden, Hitze, Wasser. Mehr?

KAPITEL ZWANZIG

Vor dem Anstieg auf dem Rückweg nach Sainte-Lucie eine Brücke über den kleinen Fluss. Es gab selten Wasser. Aber ein wenig gab es immer. Denn selbst wenn er an manchen Stellen ausgetrocknet schien, endgültig tot, so tauchte er ein paar Dutzend Meter weiter doch wieder auf, ein kleines Rinnsal, das aus dem Boden kam. Anderswo so etwas wie winzige Seen. Wasserlöcher. Und in jedem Wasserloch gab es Fische, die sich unter das Ufer flüchteten, wenn man sich dem Rand näherte. Das Flussbett war breit, aber die mediterranen Wasserläufe füllen gewöhnlich nicht ihr gesamtes Bett aus. Es ist dazu da, bei Gelegenheit zu dienen, im Falle eines Gewitters.

Jacques und Dora hielten an, blickten von der Brüstung der Brücke aus. Am Zustand der Ufer, an den Überresten der Äste, die dort hängen geblieben waren, manche sehr hoch, sah man, dass das Wasser während des Gewitters kurz davor gewesen war, über die Brücke zu fließen, sie vielleicht sogar wütend mitzureißen. Es gab noch Wasser, viel Wasser, das floss, ohne zu toben, aber schnell und entschlossen. Jacques betrachtete es nachdenklich. Er stellte sein Fahrrad an der Mauer ab, neben einer Tür, und sagte zu Dora: »Bauen wir einen Staudamm???« Er hatte lange Zeit über einer aus der Bibliothek geholten Enzyklopädie verbracht. Seine ganze Sympathie hatte den Bibern gegolten. Er erklärte. Der Fluss floss parallel zu der feierlichen Eingangsallee, unterhalb eines Weinberges. Zwischen dem Weinberg und dem Wasser ein weitläufiger Gemüsegarten. Er lieferte Tomaten, Paprikaschoten, Salate, Auberginen und dergleichen mehr. Ein Brunnen. Eine kleine Hütte. Auf dem anderen Ufer ein weiterer Weinberg, der zu einem Hügel hin anstieg, auf dem eine Ruine thronte. Der Fluss, der breite Bach, das Rinnsal zwischen den beiden.

Ein paar flache Steine unterbrachen den Lauf, wenige Schritte von der Hütte entfernt. Das Wasser war nicht tief. Der Wasserspiegel war seit dem Gewittertag gesunken, aber das Gebirge, nicht weit entfernt, speiste den Fluss. Auf der Michelin-Karte sah man, wie er sich hinabzog, eine kleine schmale blaue Linie, die ein paar Kilometer entfernt in eine größere münden würde, die Aude. Er entlehnte dem Gebirge ein sehr kaltes, sehr klares, durchsichtiges, kristallklares Wasser. Dora zog ihre Sandalen aus, befestigte ihren Rock am Gürtel, streckte einen Zeh ins Wasser, zog ihn wieder zurück. Schnitt eine Grimasse. Jacques watete bereits entschlossen. In der Mitte der Strömung ging ihm das Wasser bis übers Knie, nicht mehr. »Also kommst du?« Dora tauchte ein. Die Kälte des Wassers nahm ihr den Atem und sie wurde ganz rot. Aber sie widerstand dem Bedürfnis, den Fluss zu verlassen.

Sie begannen, oberhalb von flachen Platten, die bereits da waren und das Fundament des Staudamms bilden würden, Steine zu nehmen. Recht schnell stieg das Wasser. Um einige Zentimeter. Jacques ließ sich vom Vorbild der Biber anregen und suchte am Ufer Holzstücke, Rebenstücke, die er auf den Steinen aufschichtete. Das Wasser schickte sich an, darüber hinweg und vor allem zwischen den Steinen, zwischen den Zweigen hindurchzuströmen. Die Breschen mussten abgedichtet werden. Dora ging und holte sehr trockene, aber seit dem Gewitter sehr fest gebliebene Erdschollen. Sie reichte sie Jacques, der, das Kinn im Wasser, sie wie Wundpflaster auf den Steinen anbrachte, wie einen Breiumschlag, mit dem er die Löcher stopfte. Der Fluss fügte sich vorübergehend, floss daran vorbei, knabberte an, nagte. Manchmal gab eine Erdscholle oder ein Stein plötzlich nach und riss einen ganzen Abschnitt des Staudamms mit sich. Das Wasser siegte, brach ein.

Dora fand plötzlich Geschmack an dem Spiel. Es schien ihr schon ein wenig blöde, denn sie konnten gewiss nicht hoffen, das Wasser vollständig aufzuhalten.

Sie spürte die Kälte nicht mehr. Und auch nicht die Hitze der Sonne auf dem Kopf. Sie war in den vergangenen Wochen oft genug ohne einen Hut draußen gewesen, so dass sie die Sonne gewohnt war. Aber ihre Stirn war jetzt trotzdem ziemlich heiß. Es wurde immer schwieriger, den Staudamm höher zu machen. All ihre Anstrengungen waren nur darauf ausgerichtet, kein Terrain zu verlieren, das Gewonnene trotz aller Kriegslisten des Feindes zu bewahren. Der Fluss war hartnäckig, geschickt, hinterhältig. Er mühte sich heimlich, einen der Steine der Grundmauern zu verschieben, und wenn es ihm gelang, ihn zu bewegen, so gab er ein Triumphrauschen von sich. Hätten sie die Gedichte von Charles Baudelaire und die griechische Mythologie gekannt, hätten sie rezitieren können: »Um diese Last emporzuheben/ Bräucht's deinen Mut, o Sisyphus!/Wie mutig wir auch was erstreben/Lang ist die Kunst, die Zeit ist kurz.« Und in der Tat wurde die Zeit kürzer. Der Spätsommertag neigte sich dem Ende zu. Jacques richtete sich auf, stieg aus dem Wasser. Sie standen am Ufer und beobachteten die rasche Zerstörung ihres Bauwerks. Der Fluss vertrieb einen Zweig nach dem anderen zwischen den Steinen, löste die Erdschollen endgültig auf, trug sie mit sich, vertrieb einen der aufgeschichteten Steine nach dem anderen. Nach weniger als einer Viertelstunde war nichts mehr übrig. Daraufhin gingen sie zum Haus hinauf. Als sie einen Blick ins Innere der Hütte warfen, sahen sie auf dem Boden Zigarettenstummel. Deutlich zu identifizieren. Kein Zweifel. Jim war dort gewesen. Und nicht nur einmal. Und doch hatten sie ihn nie das Haus verlassen sehen.

Bach fließt. Steine. Bau? Stau! Bach, Steine, Stau! fließt Bau Bach

KAPITEL EINUNDZWANZIG

Klare, laue Nacht, unter vielen Sternen. Es war fast Mitternacht. Dora, die es geschafft hatte, nicht einzuschlafen, ging, als sie Jims Zimmertür mit äußerster Zurückhaltung sich öffnen hörte, Jacques wecken, der trotz all seiner Bemühungen vom Schlaf überwältigt worden war. Ein köstliches Gefühl der Verschwörung hatte sich ihrer bemächtigt. Wie sollten sie es anstellen? Unmöglich, Jim zu folgen, ohne sich zu verraten. Aber da sie wussten, da sie ziemlich sicher waren, dass sie wussten, wohin er ging, war es das Beste, auf einem anderen Weg zu der Hütte am Ufer des Flusses zu gelangen, sich so weit wie möglich und so leise wie möglich zu nähern, um herauszufinden, was er dort Geheimnisvolles trieb. Sie warteten einen Moment. Alles schlief. Sie stiegen über die Veranda zur Terrasse hinunter, eine nur wenig akrobatische Übung, drangen in den Verwilderten Park ein, die elektrischen Lampen mit den »Wonder«-Batterien in der Hand. Die Sterne leuchteten durch die Wipfel der Bäume. Die Luft bewahrte noch Wärme des Tages. Sie hatten alte Pullover angezogen, die sie, ebenso wie die Lampen, auf dem Speicher aufgetrieben hatten. Sie überquerten die breite Allee, erreichten in einem weiten Bogen das Ufer des Flusses. Sie liefen so nahe wie möglich am Wasser, getreu den Lehren von Fenimore Cooper, die Jacques aus der Lektüre des »Letzten Mohikaners« gezogen hatte. Trotz der Dornen, ungeachtet der Brennnesseln. Sie kamen unterhalb der Hütte an. Zwischen den Brettern drang Licht hervor. Über dem Murmeln des Wassers hörten sie: eine lange, abgehackte Folge von »tüt« und »tütüt«, »tüt« »tüt« »tütüt«, »tüt« »tütütüt« usw. »Das ist Morsen«, sagte Jacques, der Illustrierte las und alles begriffen hatte. Jim sandte eine Nachricht, Nachrichten nach London.

Nach(t), Do(r)nen, Nachrichten, nach London richten

Er würde geschnappt werden. Unweigerlich würde er geschnappt werden. Er mochte sich verstecken, mochte rasch und immer nur kurz »senden«, man würde ihn am Ende finden. Die Deutschen würden kommen, ihn verhaften. Und selbst wenn sie auch nicht alle festnähmen, so würden sie doch sie, Jacques und Dora, schnappen. Was tun? Plötzlich wurden sie von Panik erfasst. Es könnte heute sein, es könnte morgen sein. Was tun? Das Alte Bassin. Der Tunnel. Das geheime Zimmer im Tunnel. Dora erkannte, was zu tun war. Sie nahmen all ihre Sachen, beseitigten jegliche Spur ihrer Anwesenheit im Haus, holten auf dem Speicher Decken, zwei Schlafsäcke, Feigen, Trauben, Tomaten, die dort zum Trocknen lagen, mehrere Flaschen Wasser. In zwei, drei Nächten richteten sie ihr Versteck ein. Sie machten es sich zur Gewohnheit, das Haus nur noch zu den Mahlzeiten zu betreten. Niemand sorgte sich: Seit Wochen waren sie immer draußen, mit dem Fahrrad auf den Landstraßen, beim Spiel im <u>Verwilderten Park</u>. Man sah sie bei den Mahlzeiten. Sie waren bereit. Und Vlad? Sollte man ihn warnen? Ihm sagen, was sie vorhatten? Im Versteck war nicht genug Platz für ihn. Aber zwei Tage nach der Nacht bei der Hütte brach Vlad auf. Camillou hatte entschieden, es sei besser, wenn sie nicht alle drei ins Gebirge aufbrächen; jemand würde Vlad verstecken, bis der Weg durch die Pyrenäen offen wäre. Dora und Jacques würden als Enkel von Camillou ausgegeben. Um die Fährten zu verwischen, gingen sie eines Nachts in die Hütte und nahmen das Funkgerät mit. Sie dachten nicht einen Augenblick daran, was Jim über das Verschwinden seines Apparates denken würde. Man kann nicht an alles denken. Tatsächlich dachte Jim gar nichts darüber. Aus einem einfachen Grund. Jim, der eine harte Ausbildung in den schottischen Highlands absolviert hatte, bevor er mit dem Fallschirm über Frankreich abgesetzt worden war, hatte die beiden kleinen Detektive sofort erkannt. Folglich hatte er gleich am nächsten Tag den Ort für sein »Material« gewechselt und ein altes, nicht mehr benutztes Pathé-Marconi in die Hütte gestellt, das in einer Abstellkammer herumstand.

fahl, all schlaf – ai, ao, adio Radio, Dora

Sie warteten zwei Tage und zwei Nächte. Die Deutschen waren eines schönen Morgens gegen zehn Uhr gekommen. Weder Dora noch Jacques erfuhren, was genau geschehen war. Entfernter, unerklärlicher Lärm war zu hören. Im Park ertönten deutsche Stimmen, am ersten Vormittag. Man entdeckte sie nicht. Am übernächsten Tag, als ihre Vorräte erschöpft waren, als sie spürten, dass sie dort nicht mehr bleiben konnten, und sie es in der Überzeugung, sie würden in eine Falle gehen, nicht wagten, ins Haus zurückzukehren, beschlossen sie, ihr Versteck zu verlassen. Beunruhigt von all den nächtlichen Geräuschen hatten sie nicht gut geschlafen. Sie hatten nicht gewagt, mehr als ein paar Schritte zu tun, nachts, im Bassin, außerhalb ihres Zufluchtsortes. Die Sonne blendete. Sie nahmen fast nichts mit. Später merkte Dora, dass sie ihr Tagebuch im Versteck vergessen, also verloren hatte. Dora wollte nach Hause, nach Toulouse, Jacques zu den M. nach C. Sie würden zunächst beide dorthin gehen. Aber wie? Sie hatten kein Geld, um mit dem Zug zu fahren. Aber wie nach C. kommen, ohne den Zug zu nehmen? Durch die Weinberge, die kahlen Weinberge, nach der Lese, wo sie sich von den Traubenresten ernährten, die die Drosseln übriggelassen hatten, gingen sie zum Bahnhof hinunter. Sie stellten sich vor, sie würden in einen Zug steigen, ohne Billets zu kaufen, ohne erwischt zu werden. Als sie um das Bahnhofsgebäude bogen und gerade den Bahnsteig betreten wollten, gab ein Eisenbahner ihnen ein Zeichen. Er deutete mit dem Kopf auf eine Gruppe von Männern, die auf dem Bahnsteig postiert waren. Sie musterten die Reisenden, die aus einem gerade angekommenen Zug gestiegen waren. »Es ist besser, ihr geht da nicht hin«, sagte er. Er stellte ihnen keine Fragen und hieß sie in den Führerstand seines Zuges einsteigen, eines Güterzuges, der sich in Bewegung setzte Richtung Toulouse.

raus, nur

Zweiter Teil: 1992

1992, zu Beginn des ersten, ruhigen Sommers seines Ruhestands, erhielt Goodman in St. Andrews in Schottland, wo er wohnte, einen unerwarteten Brief, der ihn bewegte. Eine Madame G. schrieb ihm, sie sei die gegenwärtige Eigentümerin von Sainte-Lucie. Im Laufe von im Frühling durchgeführten Arbeiten seien »Papiere« entdeckt worden, die aus der Zeit des Krieges stammten. Sie, ihr Mann und sie, hätten gedacht, dass er, Goodman, sicher gern Einsicht nähme, bevor sie diese den Erben von Dora K. zurückgeben würden. Sie könnten natürlich Kopien anfertigen und ihm schicken, aber sie hätten gedacht, dass er, vielleicht, sich in die Corbières begeben und die Orte wiedersehen könne, wo er sich als Kind fast zwei Monate aufgehalten habe. Goodman antwortete, er sei seit 1944 nie wieder in der Gegend gewesen, er werde darüber nachdenken, zögerte zwei Monate und willigte schließlich ein. Monsieur und Madame G. erwarteten ihn am Bahnhof von L. Der Wagen bog in die Zierallee ein, an deren Eingang ein großes Schild, eine offenbar kürzlich erfolgte Neuerung, verkündete: SAINTE-LUCIE, hielt dann vor dem großen Haus an. Scheinbar nichts hatte sich verändert. Auf dem Weg erklärte Madame G., sie sei eine Enkelin von Camillou, Nichte von Teresa. Ihr Vater sei Biologe und lebe in Amerika. Nach dem Tod der Großeltern hätten sich weder er noch Teresa, die nach dem Tod Francos nach Katalonien zurückgekehrt sei, um das Landgut gekümmert, das fast verwahrlost gewesen sei. Die Zwillinge seien bei ihrem Vater aufgewachsen, der '45 erneut geheiratet und jeden Kontakt zur Familie seiner ersten Frau abgebrochen habe. Ihr Mann und sie hätten sich im Frühjahr dort niedergelassen. Der große Raum im Erdgeschoss hatte sich praktisch nicht verändert. Er war nur kleiner als in Goodmans Erinnerung. Noch immer standen dort das Klavier, der Sessel, der Tisch, an dem man Karten spielte, wenn es regnete. Er wartete beklommen.

Die Deutschen suchten den Sender. Jim, der in die Weinberge geflohen war, wurde erwischt, nach Deutschland in ein Gefangenenlager geschickt. Er floh, kehrte nach Frankreich zurück und wurde bis zur Befreiung von französischen Bauern versteckt, die für den *Intelligence Service* arbeiteten. Camillou war verhaftet und nach ein paar Wochen freigelassen worden. Vlad, der beim Versuch, die Pyrenäen zu überqueren, vom Schleuser »verpfiffen« worden war, wurde deportiert und starb in einem Lager. Dora war in Begleitung von Monsieur M. zu ihrer Mutter zurückgekehrt. Die M. hatten den kleinen Jacques aufgenommen. »Das Weitere, das Sie betrifft, kennen Sie.« Dora war bei ihrer Mutter geblieben, die Toulouse nicht hatte verlassen wollen. Von einem Nachbarn denunziert, waren sie in einem Lager umgekommen. Madame G. hatte die Spur einer Cousine ausfindig gemacht, die inzwischen in Tel Aviv lebte. Und seine Adresse über Denis M., seinen ehemaligen Spielkameraden. Da begriff Goodman, um was für »Papiere« es sich handelte, von denen sie in ihrem Brief geschrieben hatte. Madame G. verließ den Raum, kam zurück und legte Doras Tagebuch auf den Tisch. Es befand sich in seiner Schachtel mit dem Schloss. Das Tagebuch war in gutem Zustand. Es hatte weder unter der Feuchtigkeit noch unter den Waldmäusen gelitten. Auf die erste Seite hatte Dora geschrieben: »Ich heiße Dora K., aus Klasse … der …-schule, Rue … Das ist mein geheimes Tagebuch. Meine Mama heißt Raymonde. Sie ist Klavierlehrerin. Zur Zeit leben wir mit meinem Onkel Vlad zusammen. Er ist ein großer Pianist, aber wegen dem Krieg kann er kein Konzert geben.« Das eigentliche Tagebuch begann danach: »Morgen, am 4. September 1942, reise ich mit Vlad aufs Land. Ich habe ein bisschen Angst. Ich weiß nicht, wann Mama und ich uns wiedersehen …« Und jeden Tag bis zu dem ihrer überstürzten Abreise hatte sie sich diesen Seiten anvertraut, hatte sie erzählt. Beim

Lesen erinnerte sich Goodman. Zwischen den Seiten des Tagebuchs steckten Blätter, zahlreiche eingefügte Blätter, die Madame G. stutzig gemacht hatten. Buchstabenfolgen, die meisten ausgestrichen, geometrische Zeichnungen mit durch Pfeile markierten Linien von einem Buchstaben zum nächsten. Goodman erklärte, es handele sich um ein Spiel: Die Spitzen der Zeichnung wurden mit Buchstaben versehen. Man musste die Buchstaben sorgfältig auswählen, der durch die Pfeile markierten Linie folgen, ohne je einen Abschnitt zweimal abzufahren. Auf diese Weise erhielt man das Fragment eines Satzes, oder eine Folge von ein paar Wörtern. Sie hatten dieses Spiel ständig gespielt, Dora und er, und hatten sich bemüht, Lösungen zu finden, die auf gewisse Weise in kondensierter Form ein paar der Ereignisse eines Tages erzählten. Manchmal brachten sie nichts zustande. Da es sehr schwierig war, erlaubten sie sich häufig Zeichnungen, an deren Spitzen eher Wörter als Buchstaben standen. Selbst mit dieser »Erleichterung« war das Ergebnis nie besonders klar, besonders eindeutig. Aber Dora hing sehr daran, beharrte darauf. Und Goodman zeigte Madame G. die letzte dieser »Botschaften«, die Botschaft, die sie sich in ihrem Schlupfwinkel erdacht hatten, am Vortag des Morgens, an dem sie geflohen waren:

raus, nur

Das Abfassen der vorangegangenen Erzählung erfolgte mit Hilfe von Doras Tagebuch. Am Ende eines jeden Kapitels wurde eine der »geometrischen Botschaften« platziert, die sich mehr oder weniger deutlich auf seinen Inhalt bezieht.

Zum Abschluss fügen wir hier ein letztes Beispiel an, das nicht von den Kindern, nicht von »Bonhomme Jacques« verfasst wurde, sondern von »Goodman James«, in der Sprache, die zu seiner geworden war:

tears at rest

BIENVENUE EN FRANCE!

Jacques Roubaud   *Der verlorene letzte Ball*   Roman
Ein kleines Buch – große Themen: Es geht um Treue und Verrat,
um Liebe und Opportunismus. Roubaud erzählt sparsam und fes-
selnd, wie aus einem leichthin gegebenen Versprechen grausamer
Ernst wird, von dem Leben abhängen.
Aus dem Französischen von Elisabeth Edl
SVLTO. 120 Seiten. Rotes Leinen. Fadengeheftet

Jacques Roubaud   *Die schöne Hortense*   Roman
»*Ein Buch voller Erzähllust und Sprachlist, ein Kriminalroman, ein Liebes-
roman, ein philosophischer Roman und eine herzerfrischende Parodie auf all
dies. Einer der geistvollsten und witzigsten Romane über das Romanschreiben
und Romanlesen.*« Christina Weiss, Süddeutsche Zeitung
Aus dem Französischen von Eugen Helmlé. WAT 547. 240 Seiten

Paris. Eine literarische Einladung
Paris ist Mythos und Klischee. Ein Sehnsuchtsort. Kulisse ungezähl-
ter Filme und Romane. Brennpunkt europäischer Kunst, Mode, Le-
bensart. Geburtsstätte der europäischen Moderne. Stadt der Philo-
sophen, Literaten, Künstler. Ein Ort zum Flanieren, der noch heute
zu Fuß erkundet werden kann (und sollte)!
Herausgegeben von Karin Uttendörfer und Annette Wassermann
SVLTO. 144 Seiten. Rotes Leinen. Fadengeheftet
Mit Illustrationen von Franziska Neubert

Wüst ist auch schön! Französische Liebesgeschichten
Franzosen gelten als galante und geistreiche Liebhaber; erzählen sie
Geschichten, erweisen sie sich auch als scharfsichtige und kenntnis-
reiche Voyeure.
Wir erfahren von den französischen Möglichkeiten der Liebe: im pas-
senden und unpassenden Alter; als Wunsch, Wille und Vorstellung;
als Dienstleistung, Not, Eifersucht, Eheglück und Urlaubskürzel.
Zusammengestellt von Ludger Jorißen
SVLTO. 128 Seiten. Rotes Leinen. Fadengeheftet

Junge Literatur aus Frankreich

Emmanuelle Pagano   Die Haarschublade   Roman

Ein kleiner Ort im Süden Frankreichs. Fünfter Stock. Eine sehr junge Frau mit zwei Kindern. Ein alltägliches, kein gewöhnliches Leben. Emmanuelle Pagano erzählt die Geschichte einer unerwiderten, unerwiderbaren Liebe.

Aus dem Französischen von Nathalie Mälzer-Semlinger
Quart*buch*. 144 Seiten. Gebunden mit Schutzumschlag

Emmanuelle Pagano   Der Tag war blau   Roman

Sommers wie winters sammelt Adèle die Kinder aus den Dörfern und bringt sie in ihrem Bus zur Schule. Lange ahnt niemand, dass sie selbst von dort stammt. Ein strahlender Roman über Selbstfindung und die vieldeutige Kraft der Natur.

Aus dem Französischen von Nathalie Mälzer-Semlinger
Quart*buch*. 176 Seiten. Gebunden mit Schutzumschlag

Tanguy Viel   Das absolut perfekte Verbrechen   Roman

In einer nordfranzösischen Hafenstadt plant die örtliche Gaunerbande den Überfall auf das Casino. Der Plan ist ebenso verrückt wie perfekt. Ein filmischer Roman in Schwarz-Weiß über den Traum vom großen Glück.

Aus dem Französischen von Hinrich Schmidt-Henkel
Quart*buch*. 160 Seiten. Gebunden mit Schutzumschlag

Tanguy Viel   Unverdächtig   Roman

Tanguy Viel erzählt virtuos von einer bodenlosen Gemeinheit. Er hypnotisiert seine Leser und legt sie dabei in aller Ruhe aufs Kreuz. Ein Talent aus Frankreich!

Aus dem Französischen von Hinrich Schmidt-Henkel
Quart*buch*. 128 Seiten. Gebunden mit Schutzumschlag

RAYMOND QUENEAU BEI WAGENBACH

Raymond Queneau   Man ist immer zu gut zu den Frauen
Roman
Ein britisches Postfräulein und sieben Kämpfer der Irischen Republikanischen Armee sind in einem Postamt in Dublin zusammenge-
schlossen. Draußen tobt der Kampf. Da beginnt die junge Gertie, einen Rebellen nach dem andern zu verführen. Wilde Schießereien
und Liebesszenen wechseln sich ab.
Aus dem Französischen von Eugen Helmlé. WAT 409 . 144 Seiten

Raymond Queneau   Intimes Tagebuch der Sally Mara
Sally Maras Vater ging beim Streichholzkauf verloren, ihre Mutter glaubt, die Kinder kämen vom Heiraten, Joel, ihr Bruder, säuft
wie ein Loch. Stets sagt die gelehrige Sprachschülerin Sally das Un-
passende und trifft so meist den Nagel (und andere Dinge) auf den
Kopf. Mitglied diverser irischer Wrestlingverbände, verprügelt sie
mit Vorliebe den Museumswärter und leckt begierig an Herkules'
Alabasterwaden.
Aus dem Französischen von Eugen Helmlé. WAT 394. 240 Seiten

Raymond Queneau   Sonntag des Lebens Roman
Die heiratslustige Inhaberin eines Weißwarengeschäfts hat sich den
fünfzehn Jahre jüngeren Soldaten Valentin Brü ausgesucht. Dass
sie ihn nur vom Sehen kennt, dass die Verwandtschaft protestiert,
dass der Bräutigam noch nichts von seinem Glück weiß, kümmert
sie nicht. »Keiner wird mich daran hindern, ihn zu heiraten und er
schon gar nicht«, sagt sich Julia. Gesagt. Getan. Das frischgebackene
Ehepaar erlebt allerhand Unmögliches miteinander: Die Hochzeits-
reise tritt Valentin ohne sie an, weil Julia den Laden nicht allein lassen will, bei einer Beerdigung in Paris treffen sie sich zufällig wieder
und zuletzt arbeiten sie beide verkleidet als Wahrsagerinnen.
Aus dem Französischen von Eugen Helmlé. WAT 458. 192 Seiten

Versponnenes bei Wagenbach

Alan Bennett   *Die souveräne Leserin*

Die Hunde sind schuld. Beim Spaziergang mit der Queen rennen sie los, um den Bücherbus der Bezirksbibliothek anzukläffen. »Ma'am« ist zu gut erzogen, um sich nicht bei dem Bibliothekar zu entschuldigen, leiht sich ebenfalls aus Höflichkeit ein Buch aus – und kommt auf den Geschmack. Von da an deckt sie sich jede Woche mit Lesestoff ein. – »Not amused« ist der Privatsekretär der Queen, denn die Queen beginnt, ihre Pflichten zu vernachlässigen, liest nun lieber in ihrer Kutsche, statt der Menge zuzuwinken ...
Aus dem Englischen von Ingo Herzke
SALTO. 120 Seiten. Fadengeheftet. Rotes Leinen

Alan Bennett   *Ein Kräcker unterm Kanapee*

Muttersöhnchen und Stubenhocker in den Wechseljahren, frustrierte Ehefrauen und Softpornodarstellerinnen, übereifrige Briefeschreiberinnen und trauernde Witwen – Bennett schöpft wieder aus dem Vollen.
Aus dem Englischen von Ingo Herzke
SVLTO. 144 Seiten. Fadengeheftet. Rotes Leinen

Martin Page   *Antoine oder die Idiotie*   Roman

Wie ein kleiner Bruder der fabelhaften Amélie stolpert der junge Antoine auf der Suche nach dem Glück durch Paris. Er hat einen Freund, der aufgrund falscher Arznei im Dunkeln leuchtet, eine lesbische Freundin, die Achterbahn fährt, um schwanger zu werden, sowie einen Vermieter, der an Alzheimer leidet und daher keine Miete mehr eintreibt.
Eigentlich könnte Antoine zufrieden sein, doch er ist einfach zu klug. Das soll sich ändern: Antoine will nicht mehr denken, und daher versucht er zunächst, Alkoholiker zu werden, dann, sich umzubringen, und schließlich, so zu werden wie alle ...
Aus dem Französichen von Moshe Kahn. WAT 489. 142 Seiten

ITALIENER ERZÄHLEN

Italo Svevo   Der alte Herr und das schöne Mädchen
Ein älterer feiner Herr verliebt sich in eine junge Straßenbahnschaffnerin und muss nun glauben, dass seine einzige bisher unerfüllt gebliebene Leidenschaft das Straßenbahnfahren ist: Die Geschichte vom guten alten Herrn und vom schönen Mädchen ist die letzte und schönste Erzählung Svevos. Ein Meisterstück über die noch einmal ungehörig erwachenden Lebensgeister eines bürgerlichen Charlie Chaplin.
Aus dem Italienischen von Barbara Kleiner. Mit einer Biographie und Photographien
SALTO. 112 Seiten. Rotes Leinen. Fadengeheftet

Luigi Malerba   Die nachdenklichen Hühner
Die endliche Entdeckung der menschlichen Seele in all ihren hühnerhaften Aspekten: vom psychoanalytischen Huhn, das die Sublimierung des Eis predigt, über das fromme Huhn, das Johanna mit Laurentius verwechselt, bis zum postmodernen Huhn, das gleichzeitig den Stall und sich selbst erleuchten will.
Vollständige Ausgabe aus letzter Hand
Aus dem Italienischen von Iris Schnebel-Kaschnitz und Elke Wehr
SALTO. 88 Seiten. Fadengeheftet. Rotes Leinen. Mit Zeichnungen von Lena Ellermann

Alberto Moravia   Cosma und die Briganten   Novelle
Alles beginnt harmlos: Der junge Juwelierssohn Cosma soll für seinen Vater wertvolle Ware ins nächste Städtchen bringen. Im offenen Sportwagen fährt er mit seinen beiden Begleitern los. – Denen hätte er besser nicht trauen sollen: Sie haben nichts anderes im Sinn, als ihm die Juwelen abzuluchsen ...
Aus dem Italienischen von Marianne Schneider
SVLTO. 96 Seiten. Fadengeheftet. Rotes Leinen

Wenn Sie mehr über den Verlag oder seine Bücher wissen möchten, schreiben Sie uns eine Postkarte (mit Anschrift und ggf. E-Mail). Wir verschicken immer im Herbst die *Zwiebel*, unseren Westentaschenalmanach mit Gesamtverzeichnis, Lesetexten aus den neuen Büchern und Photos. *Kostenlos!*
Verlag Klaus Wagenbach   Emser Straße 40/41   10719 Berlin   www.wagenbach.de

Die französische Originalausgabe erschien 2008 unter dem Titel
Parc Sauvage bei Éditions du Seuil in Paris.

Der Übersetzer dankt Wolfgang Orlich herzlich
für oulipotische Ratschläge.

Dieses Buch erscheint im Rahmen des Förderprogramms
des französischen Außenministeriums,
vertreten durch die Französische Botschaft Berlin.

Liberté · Égalité · Fraternité
RÉPUBLIQUE FRANÇAISE

AMBASSADE DE FRANCE
EN
REPUBLIQUE FEDERALE
D'ALLEMAGNE

COOPERATION UNIVERSITAIRE

ISBN 978 3 8031 3227 7